Erfahrung Jakobsweg

Paul B. Schmitter

Reisetagebuch, Erlebnisse und
Geschichten entlang des Camino Francés

Bibliografische Information der Deutschen Nationalbibliothek:

Die Deutsche Nationalbibliothek verzeichnet diese Publikation in der Deutschen Nationalbibliografie; detaillierte bibliografische Daten sind im Internet über http://dnb.dnb.de abrufbar.

© 2013 **Paul B. Schmitter**

Fotos auf dem Cover: **Paul B. Schmitter**

***Weitere Fotos finden Sie auf der WEB-Seite des Autors unter:* www.paulbschmitter.de**

Herstellung und Verlag: BoD – Books on Demand, Norderstedt

ISBN: 978-3-7322-3906-1

Inhalt:

Vorwort	1
Einleitung	2
Die Vorbereitung	4
Der Jakobsweg in Etappen	7
Nachbetrachtungen	109
Meine Packliste	113
Hilfreiche Tipps für den eigenen Weg	114

Ausgewählte Fotos des Autors vom Jakobsweg finden Sie unter: www.paulbschmitter.de

Vorwort

Als ich 1978 in den Semesterferien an der Universität von Santander einen Spanischkurs belegte und mich intensiver mit der Mentalität und Geschichte der Spanier und Spaniens beschäftigt habe, gab es mehrere Dinge, die mich besonders interessierten: das Baskenland, der Lauf vor den Stieren, die Kolonialisierung Lateinamerikas und der Jakobsweg.
In dieser Zeit in Spanien widmete ich mich dem Baskenland und lief vor den Stieren. Im darauffolgenden Jahr studierte ich in Sevilla die spanische Sprache und beschäftigte mich mit der Kolonialisierung Lateinamerikas.
Der Jakobsweg selbst rückte erst wieder später in den Fokus, bei einem Aufenthalt an der Universität von Santiago de Compostela.
Dennoch dauerte es bis zum Jahre 2009 bis er mich rief, jetzt war es die richtige Zeit für mich ihn zu gehen, jetzt passte er in mein Leben, hatte sich den Raum geschaffen. Wie bei vielen Dingen in meinem Leben ist es so, dass sich Gefühle und Vorstellungen so verdichten, dass ich dann das Gefühl habe, aus welchem Grund auch immer, dem folgen zu wollen und es dann auch zu machen. Oft genug unbewusst, als wenn das Leben auf bestimmte Dinge hinarbeitet, die anstehen und auf Erledigung drängen.
Vielen, die ich getroffen habe, ging es ähnlich, auf einmal ist etwas da, zunächst vielleicht als Idee oder Vorstellung, Jux, Spinnerei, Flachserei, aber dann wird es real und setzt sich fest, im Kopf und im Bauch, eine Realität, die nicht mehr zu negieren ist – es steht an, jetzt und hier. Im Nachhinein ist schwer nachvollziehbar, wie der Verlauf genau war, aber mit dem Ergebnis, dass man sich jetzt auf dem Jakobsweg befindet.

Und dann muss man nur noch gehen …
Und sich einlassen auf das, was passiert …

Einleitung

Die Idee, dieses Buch so zu schreiben, ist während der letzten drei Jahre gereift.
Es gibt so unterschiedliche Dinge wieder wie Wegbeschreibungen, Unterkünfte, Vorbereitung, persönliche Erfahrungen, Geschichten, die ich erlebt habe, Lebensläufe von Menschen, die ich näher kennenlernen konnte, Eindrücke während und auf dem Jakobsweg gewonnene Einsichten. Und es gibt auch die unterschiedlichen Interessen an dem Jakobsweg wieder:
Das Interesse, mehr zu erfahren, quasi aus erster Hand, von jemand den man kennt, um sich selbst ein Urteil zu erlauben, wie es denn für einen selbst sein könnte, mal den Jakobsweg zu gehen.
Das Interesse, zu wissen, was einen denn erwartet von Umfeld, Strecke, Höhenmetern oder Herbergen.
Das Interesse, was denn der Weg mir persönlich gebracht habe, meine persönlichen Einsichten und meine Erfahrungen oder anders gesagt die persönliche Dimension des Jakobsweges.
Das Interesse, mehr über die Art von Leuten zu hören, die den Jakobsweg gehen und mit denen man einen Teil des Weges gemeinsam geht, mit denen intensive Gespräche stattfinden, wo eine Seelenverwandtschaft entdeckt wird.
Das Interesse, ob und was der Jakobsweg allgemein so an Erfahrungen bringt.

Kurzum, so unterschiedlich die Menschen, so unterschiedlich die Bedürfnisse, mehr zu erfahren, die Neugier an Dingen, die andere Erfahrungen repräsentieren, als die, die man bereits kennt und somit auch immer in allen obigen Bereichen ein Stück Neuland ist.
Als ich dann im Sommer 2009 auch noch den portugiesischen Jakobsweg mit meinen Kindern gegangen bin (mein erster war vom 12.03. – 19.04. 2009 der Camino francés) erweiterte sich das Spektrum der Interessenten um Eltern, die überlegen, ob und wie sie Ihre Kinder mit einbeziehen können.

Im Dezember 2011 ging es dann weiter mit dem Jakobsweg, der von Sevilla aus nach Santiago de Compostela führt.
Nun fing alles an sich zu teilen, für die Einen ein Spinner, für die Nächsten ein Ansporn, sich näher damit zu beschäftigen und für die Dritten die Anfragen, ob Sie nicht beim nächsten Mal mitkommen könnten oder ich Sie nicht auf Ihrem geplanten Jakobsweg begleiten wolle…

So entschloss ich mich dazu, eine Art Reisetagebuch zu schreiben, erweitert um das, was ich für mich und mit den Leuten erlebt habe, die ich näher kennenlernen konnte, entsprechend der Etappen meiner Wanderung geordnet.
Auf meiner Webseite **www.paulbschmitter.de** habe ich für Sie einen Teil der mehr als tausend Fotos (ein Bild sagt mehr als viele Worte) zugänglich gemacht, so dass Sie dort ungestört stöbern und sich jenseits des Lesens und des Formats dieses Buches die **Fotos vom Jakobsweg** anschauen können.
Für die, die sich dann damit beschäftigen, Ihren Jakobsweg zu gehen, gibt es noch einen praktischen Teil, der alles zur Vorbereitung enthält, eine Packliste, Hinweise und Adressen für weitere Informationen.

Und möglicherweise lernen wir uns ja auch mal persönlich kennen, irgendwo zwischen St. Jean Pied de Port und Santiago und dann Cabo Fisterra, wenn ich den Jakobsweg mal wieder gehe.

„Auppa!"

Die Vorbereitung

Nachdem mein Urlaub genehmigt war, erfolgte, wie immer bei mir, eine intensive Zeit der Beschäftigung mit dem Jakobsweg, dem Sammeln von Informationen über ihn, seine Geschichte, Berichte über den Weg usw.
Am Ende wurde mir klar:
Erstens, ich mache es so ursprünglich wie möglich, ausschließlich Pilgerherbergen kamen zur Übernachtung in Frage.
Zweitens, jeder Meter wird gegangen.
Drittens, kein Handy.

Zur weiteren Vorbereitung gehörten für mich, die Wanderschuhe einzulaufen und die Schultern an den Rucksack zu gewöhnen. Eine Erfahrung kann ich, auch durch spätere Jakobswege, nur bestätigen: jedes Gramm zählt, was man am Körper trägt, sowie das, was im Rucksack ist. So wählte ich, wie wohl viele andere auch zunächst einen zu großen Rucksack und auch zu viel zum Anziehen aus. Mit jedem Gang durch den Wald wurde es zunehmend weniger, Unterwäsche, Sachen zum Drüberziehen, Socken, etc. alles wurde immer wieder verändert, gewechselt, ausgetauscht und/oder anders ersetzt, ganz zum Schluss wurde alles neu zusammengestellt, was dann in den für den Jakobsweg speziell gekauften Rucksack reinging. Es hatte sich gelohnt, alles war durch das viele Hin und Her blind zu finden. Die Waage, ständiger Begleiter während der Vorbereitung, startete mit 17 Kilo und beendete das Wiegen mit 9,8 Kilo, wobei hierzu ja immer noch mal 3 Kilo zukommen (2 PET Flaschen a`1,5 l für Wasser). Bedingt durch die Zeit, in der ich den Jakobsweg ging (12.3. – 19.4.) musste ich auch viele warme Sachen mitnehmen, es war auch richtig so, im Nachhinein hätte ich auf nichts verzichten können. Beim portugiesischen Weg im gleichen Jahr im Sommer kam ich mit 7,4 Kilo hin. Zudem hatten viele Bekannte Interesse an einem Bericht hinterher geäußert, so musste dann auch noch eine Digitalkamera mit, Ersatzbatterien, Ladegerät etc.

Was zum Schreiben sowieso, hier halte ich sowohl zutiefst persönliche Erlebnisse fest als auch Dinge allgemeiner Natur und Erlebnisse mit Menschen, die ich treffe und näher kennenlerne. Alles Dinge, die mich jetzt in die Lage versetzen, darüber berichten zu können und das zu beschreiben, was meinen Jakobsweg ausgemacht hat.
Ihrer wird anders sein, wenngleich es Dinge geben wird, die in der einen oder anderen Weise ähnlich sein werden, aber bei Ihrem Jakobsweg vielleicht in einer andern Dichte oder Intensität auftreten, verschiedenen Dingen werden Sie sich stellen müssen.

„Wer nicht versteht, dem kann man nichts erklären.
Wer versteht, dem braucht man nichts zu erklären."

So ist der Jakobsweg wie ein kurzes Leben, Sie werden dort alles finden und werden auch mit alledem konfrontiert, was das Leben auch sonst für Sie bereit hält, aber Sie finden auch Lösungen, Umgang mit Dingen, Lehrer (Leute, die Sie da abholen, wo Sie sind und weiterbringen) und Schüler (Leute, die da stehen, wo Sie mal gestanden haben und die Sie weiter bringen), Denkweisen und Verhaltensweisen kennenlernen und annehmen können, die Türen zu Räumen da öffnen, wo Sie keine vermutet hätten …
Es werden sich Dinge Bahn brechen, die klarer werden und Ihnen eine Hilfe sein werden, für sich und Ihr Leben. Dinge, die Sie beschäftigen und an denen Sie herumtragen, werden sich auflösen, am Ende sind Sie auf merkwürdige Art darüber hinausgewachsen. Wer auf dem Jakobsweg nichts für sich mitnimmt, ist ihn nicht gegangen.

Wer den Jakobsweg gehen will, sollte ihn ganz gehen, Zeit ist mittlerweile ein sehr kostbares Gut, aber wenn Sie es sich und Ihrer Entwicklung nicht wert sind, wer sollte Ihnen dieses Geschenk machen?
Sie betrügen sich um das, was Sie mit oder durch den Jakobsweg wollen (nicht unbedingt bewusst), stecken für sich fest, müssen eine

wichtige Entscheidung treffen, fühlen sich nicht mehr so richtig wohl mit dem, was Sie machen oder wie Sie es machen, spüren, dass Sie Dinge an sich verändern wollen oder müssen oder etwas Neues in Ihnen bricht sich Bahn ... Was auch immer es bei Ihnen ist, nehmen Sie sich Ihnen zuliebe die Zeit, danach ist eh alles anders.

„Jeder, der den Jakobsweg geht, ist am Ende ein anderer als der, als der er gestartet ist."

Faszinierend fand ich die Tatsache, dass sich in den Leuten, die ich auf meinem Jakobsweg näher kennenlernen konnte, die Motive, den Jakobsweg zu gehen, so eindrucksvoll alle wiederfanden:
Bei den Einen war es das Verarbeiten, Vergessen oder Abschließen mit der Vergangenheit.
Bei den Anderen war es das Erinnern und Zurückholen der eigenen Vergangenheit.
Bei Anderen war es die Neupositionierung, Orientierung und der Richtung für die Zukunft.
Bei Anderen die Bewältigung eines aktuellen Problems.
Jetzt und an dieser Stelle genug davon, meine Erlebnisse mit mir und anderen Pilgern oder auch „Pilgern" (im Sinne von Wanderern oder auch den Spaniern, die der Form Genüge tun, um die Compostela zu haben) werden Ihnen einen Eindruck geben, was mit und bei anderen Menschen passieren kann.

12.03. Erster Tag: ca. 14 KM
Berlin – Paris – Biarritz – St. Jean Pied de Port –Valcarlos

Obwohl nun die Vorbereitungen abgeschlossen waren, am Abend vor der Abreise wurde alles noch mal geprüft, alles aus- und wieder eingepackt, Sachen für den ersten Tag rausgelegt, gegen 24 Uhr erst ins Bett, um 4 Uhr wieder raus, duschen, anziehen (feste Wanderschuhe, warme Wollsocken, lange Unterwäsche, Funktionshemd drüber, Schal, Regenjacke), es war noch Winter in Berlin und kalt, Unterlagen zur Hinreise verstauen, Rucksack um und auf zur S-Bahn und raus zum Flughafen Berlin Schönefeld.
Nach vielen Recherchen im Internet hatte ich die für mich beste Verbindung herausgefunden:
Schönefeld – Paris Orly von dort aus mit etwas Aufenthalt weiter nach Biarritz - ca. 130,- € zusammen.
In Biarritz war ich um 14.30 Uhr raus aus dem Flughafengebäude und genoss das sonnige Wetter, die 17 Grad, die Tatsache, dass kein Wind wehte, erhöhten unmittelbar den Wohlfühlfaktor. Jetzt war ich zwar am Start meines Weges, aber noch fühlte ich mich nicht so, als wäre ich schon unterwegs. Immer noch bestimmten Überlegungen das Jetzt, klappt es mit dem Trampen, was wenn nicht, und noch war ich auch zu sehr dem Alltag, dem ich entgehen wollte verhaftet, kamen immer wieder Gedanken hoch in die Gegenwart, von denen ich Abstand gewinnen wollte. Aus dem Rucksack entnahm ich mein gemaltes Schild mit der Jakobsmuschel drauf und dem Ort, wo ich hinwollte: St. Jean Pied de Port, wie früher wollte ich dorthin trampen, ein Zug ging zwar auch, aber erst am frühen Abend, so dass dann direkt auch in St Jaen die erste Zwangspause gewesen wäre … Die Jakobsmuschel kam hinten an den Rucksack, die Regenjacke verschwand im Rucksack. Ich hatte mir eine kleine Wegbeschreibung zur Ausfallstrasse nach St. Jean aus dem Internet ausgedruckt und so ging`s dann direkt los, das Schild am linken, ausgestreckten Arm die 3,5 KM zur Ausfallstrasse (D932 Richtung Ustaritz). Nach weiteren 2 KM hatte ich dann Glück, Agnes, eine Immobilienmaklerin aus Biarritz, fuhr in die Pyrinäen und musste

auch durch St. Jean. Da ich so gut wie kein französisch kann, sie nur französisch, war es eine zwar nette, aber anstrengende Form des Versuches der Kommunikation. Ich war froh, dass der Start so gut geklappt hatte und ich um 15.30 Uhr schon in St. Jean war.
Der Weg zum Pilgerbüro war mit ein paar Fragen schnell zu finden, hier erwartete mich ein netter Pilgerfreund, der auch gut Deutsch sprach, mir den ersten Stempel des Camino in den Pilgerpass stempelte und mir einen Zettel mit der Wegbeschreibung nach Roncesvalles gab und mich eindringlich bat, diesen Weg entlang der Nähe der Straße zu gehen und nicht den Weg über den Pass zu nehmen, dieser wäre gesperrt und das Wetter könne jederzeit so umschlagen und bitter kalt werden, eiskalter starker Wind und Schneefälle, dass man die Hand nicht mehr vor den Augen sehen könnte. Im Mai des Vorjahres seien zwei Pilger trotz der Sperre des Passes darüber gegangen, sie werden noch immer vermisst. Ich machte mich dann direkt auf, in einer Confiserie deckte ich mich noch mit 3 Teilchen ein, da ich seit heute früh nichts mehr gegessen hatte, war die Halbwertzeit dieser Teilchen nur 10 Minuten. Um 16.30 Uhr war ich dann aus St. Jean raus, das Wetter noch schön, aber im Schatten doch sehr kühl, der Weg verlief parallel zur Straße, schnitt sie manchmal, um dann wieder in einiger Entfernung davon weiterzuführen. In Arneguy, ca. 10 KM von St.Jaen, trank ich meinen ersten Kaffee auf dem Camino, anders als sonst mit viel Zucker. Hier hatte ich noch ein bißchen Ruhe und mit dem Blick auf die Landschaft zum ersten Mal das Gefühl, auf dem Camino angekommen zu sein, und es war ein schönes Gefühl, eine Art innere Ruhe bestimmte jetzt die Gegenwart, auch das Glück des ersten Tages bis hier hin, dass alles so gut geklappt hatte. Nach ca. 40 Minuten ging es dann weiter nach Valcarlos, die Sonne, die zuvor gewärmt hatte, ging nun langsam unter und es ging weiter leicht bergauf. Kurz nach 19 Uhr kam ich dort an, holte mir im Laden noch einen Riegel Süßes, Nudeln und Zigaretten, fragte nach der Herberge.
Der Mann telefonierte kurz, erklärte mir den Weg und sagte, es wäre offen, aber gleich würde jemand kommen, mir den Stempel

geben und die 10,- € für die Übernachtung annehmen. Die Herberge war noch neu, erst ein paar Jahre alt und alles tadellos. Ich hatte mit 30,- € am Tag kalkuliert, alles in bar mit, eine Kreditkarte nur als Sicherheit für Notfälle. Es wurde schnell dunkel, hier waren die Männer von den Frauen getrennt, die Frau erzählte mir, dass eine Deutsche da sei. Im Gästebuch waren in diesem Jahr erst ein paar Einträge von Pilgern, die waren aber auch schon 2 Wochen alt, sonst nichts. Ich machte mir noch einen Kaffee und kochte Nudeln, schrieb mein Tagebuch, duschte (das Wasser war heiß!), machte mich bettfertig und krabbelte zufrieden in den Schlafsack, es war ein toller Tag gewesen, jetzt nur noch schlafen… Ich stimmte mich auf ein frühes Aufstehen am nächsten Tag ein. Die Nacht schlief ich unruhig, es war Vollmond und ich hatte nur einen leichten Schlaf, unterbrochen von ständigem Wachsein. Zuviel war los in meinem Kopf: Neugier, Ruhe, Angespanntheit, Nervosität, die Verarbeitung der Eindrücke des ersten Tages…

13.03. Zweiter Tag: ca. 12 KM
Valcarlos – Roncevalles

Die letzten Endes unruhige Nacht und der wenige Schlaf, vielleicht auch bedingt durch den Vollmond führten dazu, dass ich nur von 1.30 bis 5.30 Uhr richtig geschlafen habe, der Rest war so etwas wie Halbschlaf. Um 6.30 Uhr bin ich dann endgültig aufgestanden, draußen zwitscherten die Vögel munter und laut, begrüßten den neuen Tag auf ihre Art. In der Küche traf ich dann Christina, die gerade dabei war, loszugehen. Ich habe es ruhig angehen lassen, einige Kaffee getrunken, mir den weiteren Verlauf des Camino angesehen, mir die Unterkünfte ab hier mit ihren Entfernungen vergegenwärtigt, alles gespült und gegen 8.20 Uhr die Unterkunft verlassen, um mich für den Weg bei der Tienda noch mit Brot zu versorgen. Ich war gespannt, wie anstrengend es werden würde, die ungewohnten Höhenmeter.
Es war noch bewölkt, diesig und kühl, als ich mich dann auf den Weg machte, der anfänglich auf, an, oder in direkter Nähe zur

Landstrasse führte und dann ging es auch schon auf manchmal schmalen, manchmal auch breiteren Wegen mitten durch die Natur, an Bächen vorbei, Behelfsbrücken zum Passieren und manchmal auch Zwangspausen dort, wo es sich ein weg oder ein schmaler Pfad gabelten und auch beim besten Willen kein Hinweis (gelber Pfeil, die Sonne mit Strahlen oder die Jakobsmuschel, das Zeichen der Pilger) erkennbar war. Die Strecke wird hier zum Ergebnis des Zufalls, teilweise waren die Hinweise wohl auch unter den Schneeverwehungen verborgen. Keiner da zum Fragen, oft das Gehen in eine Richtung und dann, nach einer gewissen Zeit die Umkehr und den anderen Weg weiter. In diesen Fällen, so merkte ich, regierte noch das Denken des Alltags, schade um die Zeit, umsonst gelaufen, was, wenn es den ganzen Weg so weiter geht usw. Aber das Wetter war herrlich, die Wahrnehmung fing an sich zu verändern, die Umgebung wurde genau beobachtet, unterschiedliche Vegetation und auch Felsenformationen, Windgeräusche, Gerüche, das Hier und Jetzt brach sich immer mehr Bahn und es war ein schönes Gefühl, wieder Zeit und Raum zu haben, sich ganz auf die Umgebung einlassen zu können, ohne zeitliche Begrenzung, ganz nach Gusto und Laune, ohne eine Vorstellung davon, wie viel nun geschafft wäre oder wie viel noch vor einem liegt. Von Zeit zu Zeit machte ich dann eine kleine Pause, rauchte, und nahm die unmittelbare Umgebung in mich auf und genoss die Weite, das Gefühl, nichts vor Augen zu haben, was eine Orientierung über den weiteren Verlauf des Camino zuließ. Die Höhenmeter forderten auch Ihren Tribut, ebenso wie die mitunter steilen Passagen bergab oder die Wegstrecken, die unter 30 – 50 cm hohen Schneeverwehungen lagen und die wegen des nicht erkennbaren Untergrundes zu besonders langsamem und vorsichtigem Gehen veranlassten. Ein herrlicher Tag, an Stellen mit Sonne sehr angenehm warm, an den Teilen mit Schatten und Wind ungewohnt kühl. Ohne Uhrzeit, nur mit der Orientierung an dem Stand der Sonne fühlte ich mich wohl und das trug wohl auch dazu bei, den Alltag mehr und mehr hinter mir zu lassen.

Glücklich und zufrieden traf ich dann schon um 12.30 Uhr, unerwartet früh, am Kloster in Roncesvalles ein. Für Pilger wurde das Kloster erst ab 16 Uhr geöffnet, es war herrliches Wetter, ich legte mich dann auf die Wiese, genoss die warme Sonne (es war gegen 22 Grad), einzig der Wind war etwas kühl. Hier sprach mich dann Jade an, eine Lehrerin aus Korea, die für 3 Monate auf Europatour war, und die nach Paris streckenweise den Jakobsweg gehen wollte. Sie selbst sprach kein Spanisch, nur Englisch und ein bißchen Französisch und fragte, ob ich ihr nicht helfen könnte beim Übersetzen in der Casa Sabrina, einer Pension mit Restaurants und Pilgermenüs. Ich sagte zu, so dass wir bereits etwas später am Tisch saßen und sie mir voller Begeisterung von Korea erzählte, der größten christlichen Gemeinde in Asien. Vor 2 Jahren gab es dort einen Fernsehbericht über den Jakobsweg und der bewog wohl sehr viele Koreaner den Weg zu gehen. Später bestätigten sich die Informationen, weil ich noch sehr viele Koreaner traf und auch mit einem koreanischem Fernsehteam gesprochen habe (Jakobsweg die Zweite). Interessant fand ich dann im Verlauf des Weges den Mut dieser Koreaner, die nur die Reise gebucht hatten, mitunter nur 5 bis 10 Worte Englisch konnten, ansonsten außer Geld nur noch die Daten für den Rückflug mit hatten und ein Unterkunftsverzeichnis. Anders als Jade, die ein Pilgermenü aß, bestellte ich mir Spiegeleier mit Pommes und Salat, freute mich über das leckere Essen, genoss die 2 Gläser Rotwein, fühlte mich glücklich und zufrieden und beschloss, hier in Roncevalles zu bleiben und den Nachmittag in der Sonne zu genießen; wie schön Leben sein kann. Die Unterhaltung mit Jade machte Spaß, sie blieb auf der Wiese bei meinem Rucksack, während ich mir die zugänglichen Teile der Klosteranlage anguckte. Danach zurück auf die Wiese, Seele baumeln lassen war angesagt.
Gegen 16 Uhr wurde die Klosterunterkunft geöffnet, ich bezahlte die 6,- €, bekam meinen Pilgerstempel und den Hinweis, dass es um 20 Uhr eine Pilgermesse geben würde mit einer Segnung der Pilger. Mittlerweile trafen mehr Pilger ein, gegen 17.30 Uhr auch Christina, die sich in den Bergen verlaufen hatte und froh war, angekommen zu sein. Der Schlafsaal war voll mit Doppelstockbetten, es gab

mehrere davon, in unterschiedlichen Größen in der Klosteranlage, aber für die jetzt 40 Pilger reichte der kleinste Saal aus, es gab allerdings nur, nach Geschlecht getrennt, einen kleinen Toiletten- und Wasch-/Duschraum. Ich nahm ein unteres Bett, bereitete mein Nachtlager vor und steckte die Stirnlampe ein, da es nach der Messe und dem anschließenden Essen in der Casa Sabrina, auf das wir uns alle verständigt hatten, schon dunkel sein würde. Zur Pilgermesse ging ich mit gemischten Gefühlen, evangelisch getauft, der Institution Kirche eher sehr skeptisch eingestellt, der katholischen mit einer Abneigung gegenüber, bedingt durch historische Gräuel und Machtpolitik, aber auch zu sehen, wie es, insbesondere auf die spanischen und gläubigen Pilger wirkt, bin ich hingegangen und fand mich dann in einer Zeremonie wieder, die so wohl schon ewig für die Pilger gemacht wurde. Der uralte Raum, von jeglichem Neuartigen verschont, trägt erheblich mit dazu bei, sich in eine andere Zeit versetzt zu fühlen. Hier spürte man deutlich den Unterschied zwischen den stark gläubigen und den anderen Pilgern: die gläubigen Pilger waren tief eingetaucht und versunken in die Messe, der andere Teil machte wohl eher aus Neugier oder Pflicht mit, die Segnung, in mehreren Sprachen erteilt, sozusagen die Aussicht auf ein gutes Gelingen, machte jeder gleich intensiv mit. Der anschließende Gang zur Casa Sabrina erfolgte unmittelbar danach, die Sonne war bereits weg, es dämmerte und wurde kühl. In der Casa Sabrina trafen sich dann viele Pilger, ein internationales Häuflein aus den USA, Australien, Neuseeland, Korea, Asien, Europa, Lateinamerika, die Spanischsprachigen setzten sich zusammen, der Rest war mehr oder wenig beliebig am gemeinsamen Tisch verteilt. Begonnen hatte ich den Weg allein, doch schon hier kam das Gefühl einer Gemeinschaft auf, das ich so schnell und auch während dieser Jahreszeit so nicht erwartet hätte, aber vieles sollte so völlig anders als erwartet werden auf dem Jakobsweg. Beim Pilgermenü wurden Bekanntschaften geschlossen, die Ziele für morgen gesprochen, über Motive, den Camino zu gehen, aber auch Privates. Der Abend war lustig, begleitet von viel Rotwein und es wurde geselliger als zu Beginn, das Eis war gebrochen, es wurde munter erzählt. Ungläubiges Staunen überkam mich, als einige erzählten, sie wollten morgen direkt bis Pamplona gehen, immerhin eine Strecke von gut 50 Kilometern, für mich zu diesem Zeitpunkt eine schier unmögliche Leistung, sowohl bezogen auf meine Vorbereitung als auch mein Gepäck, andere hatten deutlich weniger. Gegen 23.30 ging es zurück, im Schlafsaal dann nur mit Stirnlampe, um die bereits schlafenden Pilger nicht zu stören, Zähne geputzt und dann ins Bett und mit einem wohligen Gefühl direkt eingeschlafen.

14.03. Dritter Tag: ca. 50 KM
Burguete – Espinal – Zubiri - Larrasoana – Villava – Pamplona

Gegen 5.30 Uhr weckte mich dann ein dumpfer Knall auf, verwirrt und irritiert orientierte ich mich kurz, stimmt ja, ich war im Schlafsaal des Klosters von Roncevalles. Als ich mich umsah, sah ich Christina auf dem Boden liegen, Sie war aus dem oberen Teil des Doppelstockbettes runtergefallen. Gott sei Dank, es war ihr nichts passiert, sie krabbelte wieder hoch ins Bett. Für mich hingegen fing der Tag damit an, Versuche, noch mal zu dösen oder gar zu schlafen schlugen fehl, um mich herum entstand auch schon eine mehr oder weniger große Betriebsamkeit, also Stirnlampe auf den Kopf, Morgentoilette, anziehen, Rucksack packen und mit der Stirnlampe auf dem Kopf raus aus dem Kloster und auf den Weg machen.

Draußen war es noch halbdunkel, bewölkt, diesig und auch noch kühl. Es ließ sich gut an, die Kühle des Morgens veranlasste zu einem schnelleren Tempo als gestern während des Tages, nach dem Weg in der Nähe der Strasse ging es weiter nach Burguete, im Dorf ging es dann weiter auf Wegen, eine Furt wurde auf Steinen durchquert, es folgten ein Teil einer Römerstrasse und Feldwege mit Blick auf die Pyrinäen und dem nächsten Ort, in dem eine Bar schon geöffnet hatte und wo Pilger, die noch vor mir losgegangen waren, ebenfalls eine Rast gemacht, etwas getrunken und gegessen haben. Hier trank ich auch die ersten Kaffee des Tages und versorgte mich in der Tienda noch mit einem Bocadillo für unterwegs. Der Tag wurde zunehmend heller, herrliches Wetter, die Sonne wurde kräftiger und es ging sich angenehm, mitten durch Mutter Natur, abseits von Straßen. Als ich in **Larrasoana** ankam, war es mittags, ich war nicht müde, aber wegen der Siesta hatte alles zu, keine Möglichkeit eine Rast zu gestalten, ich ging dann mehr ins Zentrum, setzte mich an einen Brunnen, zog die Schuhe und Strümpfe aus, ließ Luft an die Füße und kühlte sie im Brunnen. Die Erholung tat meinen Füßen gut, ich überlegte, was ich machen wollte, die nächste Herberge in **Villava** war ca 11 KM weiter kurz vor Pamplona. Ich fühlte mich gut und war froh, schon jetzt ca. 29 KM geschafft zu haben, der Tag war noch jung, ich war nicht müde oder erschöpft, so beschloss ich dann weiter zu gehen. (Da sich der Streckenverlauf nahezu jährlich ändert, oft wegen Infrastrukturprojekten, ist es nahezu unmöglich genaue Entfernungsangaben zu machen, oft gibt es auch Alternativrouten.) Außer bei meiner ersten Rast hatte ich bisher keinen weiteren Pilger mehr getroffen, so ging es auch weiter, bis ich am Ziel des Tages ankam. Gehen ging von ganz alleine, ich konnte mich voll und ganz auf das Wahrnehmen der Umgebung konzentrieren, ein herrlich befreiendes Gefühl, nicht noch irgendwas erledigen oder beachten zu müssen, irgendwelche Dinge, die noch zu organisieren oder zu verwalten waren. Als wenn eine Last oder Anspannung von einem fällt, das Genießen des herrlich Einfachen, außer Gehen, Essen, Trinken und Schlafen, ein Quartier zu finden: nichts, nada nur ich und der Weg. Das Gefühl der Erleichterung, das sich bei den meisten, die den Jakobsweg gehen, zwischen dem 3. und 5. Tag einstellt, wenn sie nicht noch dauernd den Alltag durch Handy oder Internet immer wieder mitnehmen, hatte sich jetzt Bahn gebrochen. Und machte deutlich, wie belastend das ganze Drumherum des Alltags ist. Und welche Vorteile ein einfaches, überschaubares Leben hat. Von Larrasoana aus ging es teilweise entlang der Straße, in Teilen in der Nähe einer Schnellstrasse, meistens aber dann doch auf Wegen durch die Landschaft, er waren nun ca. 20 Grad, gefühlter Sommer, denn wenn man sich bewegt, ist das Empfinden ein anderes. Unterwegs nach

Trinidad de Arre, wo ich gegen 16.40 eintraf, machte ich noch eine längere Pause. Ich wunderte mich über mich selbst, soviel heute schon geschafft, ich war von 30 KM am Tag ausgegangen und hatte noch mal ein paar Tage Reserve eingeplant, falls ich mir was verstauche oder Blasen an den Füßen eine Pause nötig machen sollten. Ich war zwar jetzt reichlich müde und erschöpft, aber die 5 bis 7 KM nach Pamplona weckten den Sportsgeist in mir, vergessend, was ich bereits hinter mir hatte, ca. 9 Stunden gehen. Meine Füße pulsierten vor Wärme in den Schuhen, aber die Verlockung, nun ja bald in Pamplona sein zu können, in der Casa Paderborn, der Herberge der Pilgerfreunde Paderborn ließen mich das ignorieren. Kurze Pause, rauchen, was trinken und weiter …

Bis dahin ging alles noch, der folgende Weg war dann eine der gefühlt längsten Teile des Camino, die Muskeln verhärteten, die Füße spürten die Schuhe stark, ich haderte mit mir, der gewundene Weg entlang eines kleinen Flusses in einem parkähnlichen Bereich mit Pamplona im Blick, machte mich mürbe, ließ mich nach Möglichkeiten suchen, Meter einzusparen und zu verkürzen. Und obwohl immer in Sichtweite, hatte ich das Gefühl, Pamplona nicht näher zu kommen. Es ging langsamer und langsamer, Schritt für Schritt, jede Form der Selbstmotivation schien keine Aussicht auf Erfolg zu haben, hier und jetzt umfallen und liegenbleiben schien die einzige Lösung zu sein. Ich machte dann mehr Pausen, aber das Hochkommen ließ den Effekt der Erholung sofort ins Gegenteil umschlagen, in eine ungeheure Kraftanstrengung. Also musste es ohne Pausen gehen. Mich selbst beobachtend, wie ich noch jedes Tempo wieder verlangsamen konnte. Kurz vor der Magdalenenbrücke schluffte ich fast nur noch, kein geordnetes Gehen mehr, nur noch so wenig Bewegung wie möglich, die Füße nur kurz über dem Boden. Nach der Brücke entlang des Agra dem Hinweis zur Herberge folgend, wie lange können eigentlich 300 Meter sein? Zu lange!!!! Und was wäre, wenn die Herberge mit nur 26 Plätzen belegt wäre? Eine Vorstellung, die durch die bloße Existenz der Frage schon Verzweiflung, Aufgeben, Ungerechtigkeit am Leben nährten in einer Art, wie es nur existenzielle Krisen auslösen können. Diese Erfahrung sollte zu einem späteren Zeitpunkt noch mal getoppt werden. Irgendwie kam ich dann doch an, nach fast 3 Stunden für die 5 – 7 KM, rein, bei der Anmeldung auf freundliche Herbergseltern gestoßen, den heißen Kaffee nahm ich gerne und wiederholt an, 5,-€ bezahlt und 2,-€ für`s Frühstück, das Bett gemacht, und erstmal lange heiß geduscht, andere Sachen an und mit Schlappen zum empfohlenen Restaurant zum Pilgermenü. Obwohl es mir etwas besser ging, jeder Meter und die Treppen fielen schwer, meine Waden schienen bereits nach ein paar Metern eher aus Beton zu bestehen als aus Muskeln und Sehnen ... Das Pilgermenü war gut und sättigend, eine halbe Flasche Rotwein sowie immer Wasser gehörten dazu, in diesem Fall stellte mir die Kellnerin eine ganze Flasche auf den Tisch, warum auch immer, aber Danke! So fanden die Füße unter dem Tisch Ruhe und Erholung und mein Magen eine Arbeitsgrundlage, die Seele erfreute sich des Rotweins und nach und nach stellte sich eine Form von Gelöstheit und Entspannung ein. Zwei Paare saßen direkt am Nachbartisch, ein Ehepaar aus der Schweiz, eines aus Deutschland, katholisch und gläubig, die Höhepunkte des nächsten Tages besprechend, wann sie wo Rast machen wollten, was sie sich angucken wollten, also eine akribische Planung, die das Leben im Sinne von sich einzulassen, dem zu folgen, wonach einem ist, ausschließt. Ich hatte auf meinen vielen Reisen den Reiz entdeckt, mich zwar einerseits gut vorzubereiten, dann aber allem zu folgen, was mir interessant erscheint und sich ergibt und so völlig andere Eindrücke zu gewinnen als andere, die zugleich dort waren. So sollte es auch hier später sein, ein völliges Unverständnis und Staunen gegenüber dem, was ich alles erlebt habe. Für mich war der Jakobsweg ein weißer Fleck auf der Karte, ich wollte ihn selbst erkunden und herausfinden, was er mir gibt und nicht vorgeben, was er zu servieren hat. Allein die Tatsache der Absprache, wo man nun mit dem Bus fahren wolle, weil die Wegstrecke ja nur langweilig sei etc. gab mir den Rest. Es kam dann gegen Ende doch noch von ihrer Seite aus ein Gespräch auf, aber ich ließ es kurz werden, ich hatte das Gefühl, mir bringt es nichts, sie gehen mit einer Logik und einer Form der eigenen Disziplinierung an den Camino heran, der dem Camino die Seele nimmt, ihn zu einem Wanderweg mit punktuell kulturhistorischen interessanten Orten macht. Es war nun doch später geworden, ehe ich bezahlt hatte, war es kurz vor 22 Uhr und die Herberge machte um 22 Uhr zu, so dass ich so schnell wie möglich dorthin humpelte und noch meine letzte Zigarette rauchte. Nach dem Zähneputzen traf ich dann noch **Bernhard** wieder, ein feiner Kerl aus Gelsenkirchen, dessen Geschichte ich gleich erzähle. Alles tat mir weh, aber ich schlief unmittelbar ein.

„Bernhard"

Bernhard war ein Kind des Ruhrpotts, wohnte in Gelsenkirchen, war dort aufgewachsen, katholisch, gläubig und Schalke Fan. Als ich ihn dort kennengelernt habe, war er 67 Jahre alt, seinen 68. Geburtstag feierte ich mit ihm noch auf dem Jakobsweg zusammen. Er war ca. 1,65 m groß, aber von relativ kräftiger Statur und für mich beeindruckend war die Tatsache, wie er die Schicksalsschläge, die das Leben Ihm serviert hatte, weggesteckt hatte. Er war nicht viel rumgekommen, Beruf, Freunde, Familie, alles spielte sich, wie oft im Ruhrgebiet, in ganz engen, lokalen Grenzen ab. Er hatte das Herz auf dem rechten Fleck, war geradeaus und mit dem typischen Dialekt und der typischen Schnauze des Ruhgebietes bei Schalke gesegnet. Weshalb er mir überhaupt so im Gedächtnis blieb, er mich interessierte, ich ihn aber erst am Ende nach meiner Rückkehr von Cabo Fisterra nach Santiago richtig kennenlernte, war eine einzige Tatsache: -ein roter Trolly (richtig, ein Trolly !) Am nächsten Morgen, also am 15.03. sah ich ihn morgens die Herberge verlassen, normal gekleidet, einen roten Trolly hinter sich herziehend. Mittlerweile bin ich den Jakobsweg mehrmals gegangen, er ist und war der Einzige mit einem Trolly. Egal, was war, bergauf, bergab, Schotterwege, staubige Feldwege, Lehmwege, schmale Pfade, Kopfsteinpflaster, immer den Trolly hinter sich herziehend (bergab ist er dem Trolly gefolgt), welche Leistung! Er wollte den Jakobsweg schon länger gehen, familiäre Verpflichtungen hielten ihn ständig ab. Sein Sohn war an die falsche Frau geraten, ausgenommen worden, mit einem gemeinsamen Kind sitzen gelassen, an den Problemen verzweifelt. Er und seine Frau kümmerten sich um Ihren Enkel bis seine Frau vor kurzem schwer erkrankte und es nervlich nicht mehr schaffte, sich mit Bernhard um den Enkel zu kümmern. Der Sohn bekam es auch nicht hin, so dass der Enkel ins Heim kam. Die Kraft war am Ende, seine Frau wusste, dass er schon immer gerne den Jakobsweg gehen wollte, ohne eine Vorstellung davon zu haben, und bat ihn den Weg jetzt zu gehen und bald gesund wieder zu kommen. Als Zeichen ihrer Liebe und auch um ihm zu zeigen, wie Ernst es ihr war, fuhr sie in die Stadt, ließ sich beraten, was gut für eine Reise war und kam voller Freude und in dem Bewusstsein mit dem Trolly nach Hause, ihm genau damit eine große Freude zu bereiten und einen Gefallen zu tun. Bernhard verstand die Geste, wollte oder konnte nicht nein sagen, ging es doch um das Symbol ihrer Liebe, bereitete sich vor, packte seinen Trolly und ging den Jakobsweg. Wir trafen uns häufiger auf dem Jakobsweg, gingen oft ein Stück des Weges gemeinsam oder saßen abends noch in den Herbergen zusammen. Beim Besuch der Kathedrale, als ich aus Fisterra zurückkam, traf ich ihn, er wohnte auch in der Herberge in Monte Gozo, gegen Abend fragte er mich, ob wir nicht was zusammen essen wollten und ich mit ihm Rotwein trinken wolle, er hätte Geburtstag. Ich kochte was, wir aßen, tranken und erzählten. Hierbei kamen wir uns näher. Ich fragte ihn dann, wann und wie er nach Hause wollte. Er nannte den 17.04. gegen Mittag vom Flughafen aus. Oh, prima, sagte ich, dann lass uns gemeinsam zum Flughafen, er wusste nicht recht, wie er dorthin kommen sollte, ich sagte, wir fahren mit dem Bus, er fährt oberhalb von Monte Gozo. Ich war, ich weiß nicht warum, der irrigen Annahme, ich würde am 17.04. zurückfliegen, ich war so sehr davon überzeugt, kontrollierte ich noch nicht mal mein Ticket, und gab alles aus bis auf 10,- € aus (Busfahrt vom Flughafen zu meiner Schwester in Berlin und ggfs. was zu trinken und eine Kleinigkeit zu essen). Am 17.04. fuhren wir morgens zum Flughafen, ich holte mir noch was zu trinken und etwas Tabak, wir unterhielten uns noch eine ganze Weile, und während er zu seinem Schalter ging, erkundigte ich mich nach meinem Flug und ging zum Check-In. Ich war nicht auf der Passagierliste, konnte nicht einchecken, ein ziemliches hin und her, ich musste zurück zum Schalter, dort stellte sich dann heraus, mein Flug ginge erst am 19.04., umbuchen ginge auch nicht, weil die Maschine voll sei. Irgendwie wie im falschen Film. Nun hatte ich noch ca. 4 € in der Tasche und noch 2 Tage in Santiago … Bernhard hatte eingecheckt, kam zurück, fragte nach, was sei, und ich erzählte Ihm die Geschichte. Bernhard zögerte nicht lange, guckte in sein Portomonaie und sagte, 5 € habe *ich über, die kannste haben. Danke dafür noch mal Bernhard! Ich blieb, verabschiedete ihn noch und ging zurück nach Monto Gozo.*

15.03. Vierter Tag: ca. 32 KM
Pamplona – Zariquiegui – El Perdon – Puente la Reina – Cirauqui

Um 6.45 Uhr wurde geweckt, kurz nach 7 Uhr gab`s Frühstück. Ich hatte gut geschlafen, war fit und direkt wach, aber beim Aufstehen merkte ich die Strapazen, Waden aus Beton, das Muskelöl, gestern abend noch aufgetragen, wirkte nicht wirklich, die Sehnen taten weh. Ich ging hoch zum Bad in der ersten Etage, gönnte mir eine Dusche, und machte mich fertig, die obligatorische Hirschtalgsalbe für die Füße noch, anziehen und die getrocknete Funktionswäsche verstaut, ab zum Frühstück, Reichlich Kaffee, anders als zuhause mit reichlich Zucker, Toast und Marmelade. Hier fiel mir jemand auf, den ich näher kennenlernen sollte, **Paul** aus Irland, der schon dabei war, sich eine Zigarette zu drehen. Nachdem auch ich mit dem Frühstück fertig war, traf ich ihn draußen und fragte ihn, ob ich mir eine Zigarette drehen könne. Klar kein Problem, dreh Dir gleich noch ne Zweite, wer weiß, wann Du Tabak kaufen kannst. Dabei sah ich eine Gruppe losziehen, bei der auch Bernhard dabei war. Wundern hatte ich aufgegeben, ich nahm nur noch zur Kenntnis, zu dem Zeitpunkt kannte ich ja die Geschichte rund um den Trolly noch nicht. Ich unterhielt mich noch eine Weile mit Paul, ich bin dann wieder rein, musste noch mal auf die Toilette, leichter Durchfall, warum und wieso auch immer. Der Rucksack, schon gepackt, nicht schwerer als gestern, aber gefühlt war er das. Beim Losgehen tat mir so ziemlich alles weh, was einem weh tun kann, aber immerhin hatte ich keine Blasen. Als ich losging war es gegen 8 Uhr, für spanische Verhältnisse sehr früh, ich ging durch die Stadt, langsam, weil ich viele Motive zum Fotografieren fand, dauerte es unverhältnismäßig lange, bis ich außerhalb des Zentrums am Universitätsgelände ankam. Dort traf ich dann auf den humpelnden Emilio aus Barcelona, den ich in Roncevalles kennengelernt hatte, bei dem die letzten 5 – 7 KM aber deutlich schlimmere Folgen hinterlassen hatten. Noch in der Herberge wurde er mit einem Verband am linken Knie versorgt, er sollte am Morgen dann noch mal unbedingt zur Uniklinik. Von dort kam er gerade, wir redeten kurz und dann sagte er, ich solle ruhig schon weiter gehen, er würde später folgen. (Auf dem Jakobsweg ist es so, dass Pilgerherbergen nur für eine Nacht genutzt werden können, länger nur mit einem ärztlichen Attest, das die Unfähigkeit bestätigt, weitergehen zu können. Die ärztliche Versorgung von Pilgern ist in der Regel kostenfrei, wird als Dienst an Pilgern verstanden, wenn denn ein Pilgerausweis vorgelegt wird, auch Verbands- und Heilmittel sind in der Regel nicht zu bezahlen.) Mir ging es zwar auch nicht so gut, aber gegenüber Emilio ... Es hatte sich seit dem Losgehen heute früh etwas verändert in mir, mein Kopf, besser gesagt, der rationale Teil davon, der Teil, der immer so gerne Chancen und Risiken abwägt, Planungen macht und in Kategorien von wenn-dann arbeitet, meldete sich zunehmend weniger, empfand sich wohl als unnötig, begleitet von dem starken Gefühl einer Sorglosigkeit und der inneren Gewissheit, dass ich meinen Weg schaffen werde, dass nichts so schlimm sein könnte, um nicht überwunden zu werden. Jetzt war die Loslösung vom Alltag da, jetzt war ich frei für den Camino, im Hier und Jetzt angekommen und auch bereit, mich auf das einzulassen, was der Camino mir zu geben hat. Ohne immer zu sehen, wo ich bin, wie weit es noch sein würde bis zum nächsten Kaffee oder der nächsten Möglichkeit, etwas essen zu können und länger verweilen, wo es mir gefiel, der Weg war das Ziel geworden, ich war angekommen bei dem, was den Weg ausmacht, dem Platz zu schaffen, was der Weg mit einem vorhat und auch vorgibt, es ganz und gar so zu nehmen, wie es ist. Das Gefühl von Loslassen-Können setzt viel Energie und Kraft frei, die stand mir jetzt zur Verfügung um mich auf den Weg, die Umgebung und die Menschen einzulassen, ohne das Gefühl zu haben, dass es an irgendwas hindert oder gefährdet. In **Cizur Menor** traf ich Paul wieder, er saß auf der Parkbank unweit von einer kleinen Kirche und rauchte eine. Wir rauchten noch eine zusammen und beschlossen dann gemeinsam den Weg fortzusetzen.

Paul – „The Shadowman"

Mit Paul habe ich auf dem Camino vieles gemeinsam erlebt, es war eine „Brotherhood of Mind", eine Seelenverwandschaft, die uns verband, er ist ein Mensch, zu dem ich jetzt noch Kontakt habe. Er studierte Lehramt in Irland, war an einem Punkt, wo er sich für einen Schwerpunkt in seinem Studium festlegen musste und nicht recht wusste, für welchen. Er hatte sich nach einem Gespräch mit einem Freund, der den Jakobsweg schon mal gegangen war, spontan dazu entschlossen, ihn zu gehen. Er war ca. 1,85 m groß, lang schlank und wirkte schlacksig, unterwegs mit Schuhen, in denen schon sein Freund den Jakobsweg gegangen war, eine lange Cordhose an, einen Hoodie, also einen Baumwollpulli mit Kapuze und einer Wollmütze, die er nur selten ablegte. Dazu versehen mit einem Rucksack, der eher an einen mittelgroßen, weißen Baumwollsack erinnert, versehen mit Baumwollbändern, die ewig lang waren und wo der Rucksack runterhing bis auf die Hüfte, ohne jegliche Form der Versteifung. Das wohl Schwerste im Rucksack waren 2 Bücher, dann hatte er noch eine Wegbeschreibung mit, etwas Wäsche zum Wechseln und Regensachen. Seine Eltern hatten eine Farm, dort war er groß geworden, er hatte einen starken Bezug zur Natur und er liebte Rugby über alles, ein Spiel, das er mal sehr intensiv betrieb, bis ihn eine kleine Verletzung und sein Studium zwangen, es nur noch gelegentlich und auf Amateurebene zu betreiben. Er kannte sich mit allem rund um Rugby sehr gut aus, wettete auf Spiele und ließ selbst während des Jakobsweges kein Spiel aus. Eines Abends ging es um die Weltmeisterschaft, die wir dann in einer irischen Kneipe in Santiago gemeinsam angesehen haben, aber mit unterschiedlichem Engagement und Emotionen. Paul verdankte seinen Spitznamen einer Beobachtung, die Viele mit mir teilten und die er von den englischsprachigen Pilgern bekam, er war wie ein Schatten, auf einmal war er da, wie aus dem Nichts. Später losgegangen, nicht erkennbar an einem vorbeigekommen, aber dann auf einmal da. Paul machte es wie ich auf die harte Tour, jeder Meter wird gegangen. Ich habe ihn nie klagen gehört, selbst dann nicht, als er Blasen an den Füßen hatte, und Grenzen schienen ihm ein Fremdwort zu sein, er machte alles mit sich aus.

Auch als wir einmal wegen einer belegten Herberge nachts stundenlang durch die Berge geirrt waren und für eine Entfernung von etwa 1 – 1,5 Stunden mehr als 4 – 5 Stunden unterwegs waren, kein Ton, außer natürlich all das, worüber wir uns unterhalten haben. In Portomarin suchte er sich dann einen windgeschützten

Platz zum Schlafen und schaffte es zu schlafen, mir war es zu kalt, ich ging weiter in Richtung Palas del Rey. Er war in seinem Auftreten und auch charakterlich schon deutlich weiter als vergleichbare Leute seines Alters, hatte schon eine innere Festigkeit, die mich überraschte, war sehr offen für alle Dinge, die Philosophie, Lebenserfahrung und Einstellungen zum Leben betrafen. Es erstaunte ihn immer wieder, was ich erlebt hatte, wo ich war und wie ich diese Erfahrungen verarbeitet und integriert hatte. In vielem, was er von sich und seinem Leben erzählte, erkannte ich mich wieder, als ich noch jünger war. Was sehr gut passte war die Tatsache, dass wir das gleiche Tempo beim Gehen hatten, so dass lange Unterhaltungen während des Gehens die Regel war, die uns auch die Zeit vergessen ließ. Er war ein interessanter Gesprächspartner und immer begierig darauf, Neues zu erfahren und Erfahrungen Anderer kennenzulernen, es schien so, dass ich ihm bestimmte Türen geöffnet habe, so wie es andere Pilger bei mir gemacht haben. Am Ende seines Jakobsweges war er weiter, die Entscheidung bezüglich seines Studiums war gefallen und für ihn klar, auch für seinen weiteren Lebensweg und die Ausrichtung seines Lebens gewann er Klarheit.

Bis nach **Zariquigui** zog es sich wie Gummi, was eher meinem Zustand geschuldet war, aber auch der Tatsache, dass die Landschaft nicht abwechslungsreich war und es auf dem ganzen Weg keine Möglichkeit gab, etwas zu essen oder einen Kaffee zu trinken, an einem Sonntag, zudem vormittags, etwas völlig normales. Hinter Zariquigui machten wir vor dem Aufstieg auf den Perdon Kamm, ca. 730 M hoch mit ca. 300 Höhenmetern nach Ziriquigui aus, auf einer Bank noch mal eine kurze Pause und ich teilte mir mit Paul eine Toblerone und eine BiFi, die ich noch als Notreserve im Gepäck hatte. Der Aufstieg ist wenig spektakulär, er zieht sich durch Serpentinen lang hin, mittlerweile kamen mir die Muskeln auch nicht mehr so ganz wie Beton vor. Oben auf dem Kamm belohnt ein herrlicher Ausblick den Aufstieg mit Blick auf die folgende Ebene und dem nächsten Ort **Uterga**, was von oben aus näher aussieht, tatsächlich aber ca. 4,5 KM weit ist. Die eigentliche Herausforderung wird erst erfahren, wenn man sich wieder auf den

Weg macht: der Abstieg, der auf einem schmalen Weg mit viel Geröll, einem durchschnittlichen Höhenunterschied von ca. 280 Metern auf die nächsten 2 KM, aber anders, als die Zahlen es erscheinen lassen, bei einigen Teilstrecken deutlich mehr. Es war sehr kräfteaufreibend, es ließ sich nur ganz langsam gehen, und immer aufpassen wo man wie hintritt. Etwas Schönes hatte der Abstieg dann aber doch, war es vor dem Kamm bewölkt, so war es hier sonnig, wenn auch windig, aber längst nicht so stark wie oben auf dem Kamm. Der Abstieg vom Kamm, obwohl vorsichtig angegangen, aber wohl nicht bedächtig genug, sollte Folgen haben. Durch die ungewohnte Belastung trat für die folgenden 5 Tage immer mal, nicht vorhersehbar und kalkulierbar, ein kurzer heftiger Schmerz im linken Unterschenkel auf, aber so heftig, dass ich beim ersten Mal schrie, danach nur noch die Zähne zusammenbiss. Vergleichbar mit dem Schmerz, der auftritt, wenn der Zahnarzt beim Bohren den Nerv trifft, nur heftiger und etwas länger andauernd. In der Folge, wie auch bei einigen anderen extremen Situationen, fing ich unwillkürlich an zu singen, später ersetzt durch ein tiefes Murmeln von Worten, vergleichbar dem Gebetsmurmeln von buddhistischen Mönchen, im weiteren Verlauf dann stellte sich das leise, ständige Murmeln eines Mantra`s als effektiv heraus, Schmerz zu ignorieren und nichts mehr zu spüren. Man kommt in eine Art von geistiger Leere rein, die alles Umgebende ausblendet, vielleicht am ehesten mit so etwas wie Trance zu beschreiben, die Beine verrichten weiter ihre Arbeit, so als hätten sie nie was anderes gemacht und als käme auch gar nichts anderes für sie in Frage außer zu gehen. Der Austausch mit anderen Mitpilgern hierüber bestätigte diese Erfahrung nicht nur, sondern half auch ihnen in Situationen, die vergleichbar waren.
Um 14 Uhr waren wir in Uterga, herrliches Wetter und ein tolles Lokal mit Terasse, entlang des weiteren Pilgerweges fast am Ortsausgang. Hier trafen wir auch Emilio beim Essen wieder, sichtlich angeschlagen, aber gut drauf, der Aufstieg ging ja noch, aber der Abstieg hat ihm den Rest gegeben, so dass er dann gleich hier schon ein Zimmer für die Nacht genommen hatte. Hinsetzen, Schuhe und

Stümpfe aus und dann was essen, ich hatte auch einen Mordshunger, alles sah lecker aus, die Preise waren okay. Ich bestellte mir Kaffee, einen gemischten Salat, Pommes und Spiegeleier, Brot, etwas Wein. Etwas, was im Alltag nur zu oft untergeht, ist die Würdigung und die Freude an den „Kleinigkeiten", dem Genießen von Dingen, die sonst einfach untergehen, weil sie eher Abwicklung sind und in der Regel zwischengeschoben werden. Auf dem Camino bekommen die einfachen Dinge wieder ihren rechten Platz und auch die nötige Aufmerksamkeit, vielleicht ja auch, weil die Struktur und der Lebensinhalt anders sind. Nach dem Abstieg, völlig ausgepumpt und dann all das, eine herrliche Terrasse, eine sehr freundliche Bedienung, klasse Essen, das Wetter toll ... Ich habe mich, auch später, so fallenlassen und verlieren können in so ganz einfache und banale Dinge auf eine Art, die man sonst eher bei Kindern feststellt. Vielleicht auch, weil nicht immer alles so verfügbar ist, wie man es gerne hätte. Der Camino macht Vieles so unheimlich einfach, wenn man müde ist oder die Sonne lacht, macht man eine Rast und genießt das Drumherum, wenn man Durst hat, trinkt man, wenn man Hunger hat, sucht man sich eine Möglichkeit zu essen, und wenn es gegen abend zugeht oder aber man erschöpft und müde ist, kümmert man sich um eine Herberge. Aus der kurzen Rast wurde immer mehr, wie festgeklebt auf den Stühlen, die Sonne, das Essen, den Kaffee, die Erholung sendeten ein Signal: bleib einfach, besser geht`s nicht. Ich habe mich trotzdem mit Paul verständigt, spätestens um 16 Uhr aufzubrechen, von hier aus war es ja nicht mehr so weit bis **Puente la Reina**, etwa 8 KM. Aber es wurde immer später, es war dann 16.30 Uhr als wir aufbrachen. Die Rast tat gut, die Füße waren erholt, es ging leichter, schnell hatte ich mein normales Schritttempo erreicht , keine großen Höhenunterschiede mehr, alles eben und angenehm zu gehen, heute morgen war vergessen, es ging zügig weiter, so dass wir bereits um 17.45 Uhr in **Puente la Reina** waren. Was tun? Paul wollte hier bleiben, ich war zwar etwas müde, hatte aber Hummeln im Hintern und wollte auch nicht immer die gleichen Mitpilger sehen, dem Gefühl einer Reisegruppe wollte ich entgehen, zudem waren die

Beschreibungen der 2 Pilgerherbergen auch nicht dazu angetan Entzückung hervorzurufen. Nach einem Kaffee am Ortseingang trennten sich unsere Wege. Ich brach um kurz nach 18 Uhr noch auf nach **Cirauqui** auf, wo eine kleine, private Pilgerherberge lockte. Der erste Teil des Weges war nicht so sehr schön, in Sichtweite eine Autobahn, die große Landstraße in unmittelbarer Nähe, der zweite Teil, weg vom Fluss sehr anstrengend und lehmig, bis es dann wieder weiter entlang der kleinen Straße wieder auf Feldwegen mit Steigungen nach Cirauqui weitergeht, einem schönen kleinen Ort. Den letzten Teil der 7 KM von Puente la Reina aus, nach ca. 3 KM legte ich ein schnelleres Tempo vor, ich hatte eine merkwürdige Unruhe in mir, es wurde dämmrig, Lichter waren schon in den Häusern zu sehen, es wurde merklich kühler, ich wollte endlich da sein und wissen, alles ist in Ordnung, der bisherige Tag zeigte nun deutlicher seine Wirkung. Als ich ankam, hatte ich noch Glück, die Herbergsmutter bereitete alles vor um zu gehen, es war um 19.58 Uhr in der Herberge, ab 20 Uhr hätte ich vor verschlossenen Türen gestanden. Ich war der einzige Pilger hier, die Übernachtung kostete 7,- €, die Herberge war angenehm klein, ein sehr schöner Balkon mit Blick auf den Dorfplatz, in unmittelbarer Nähe der Kirche, die Sanitäranlagen sehr gut, aber es gab nichts mehr zu essen, aber der Getränkeautomat mit Kaffee und heißem Kakao funktionierte. Nach dem Duschen noch Wäsche waschen und raushängen und dann schlafen.

16.03. Fünfter Tag: ca. 37 KM
Lorca – Villatuerta – Estella – Villamayor de Monjardin – Los Arcos

Ich habe schlecht geschlafen, alles war soweit in Ordnung, aber die Kirchturmglocke schlug alle 15 Minuten und durch die unmittelbare Nähe war es laut. Um 5.30 Uhr stieg ich endgültig auf, sprang noch mal unter die Dusche, ging runter, um mir einen Kaffee zu ziehen und schrieb weiter in meinem Tagebuch. Es folgten weitere Kaffee bis ich mich anzog, die noch feuchten Sachen vom Balkon abhängte und außen am Rucksack zum Trocknen befestigte. Gegen 8 Uhr, die Sonne kam schon raus, habe ich mich aufgemacht, es war klar und ohne Wolken, aber kühl und ein kalter Wind, so dass die Fleecejacke bereits nach den ersten Minuten zum Einsatz kam. In Cirauqui, einem schöne, kleinen Ort auf einer Anhöhe gab es um diese Zeit noch keine Möglichkeit, mich mit etwas Essbarem zu versorgen, so ging es schnell weiter, nachdem Ort steil bergab über einen Feldweg und eine schöne alte kleine Brücke über Feldwege nach **Lorca**. Hier konnte ich einen Kaffee trinken und Brot kaufen, bevor es dann nach einer Rast weiter nach **Villatuerta** weiterging, der Weg war angenehm, mit kleineren Höhenunterschieden und oft der Autobahn in Sichtweite. Hier traf ich zum ersten Mal bei einer Ruine abseits des Weges auf **Emily**, mit der ich den weiteren Weg bis nach **Estella/Lizarra** teilte.

Emily

Emily war ca. 1,65 groß, muskulös, blond mit geflochtenen mittellangen Zöpfen und rötlichen Bäckchen. Während mich bei der Ruine eher Baustil, Aufteilung und Details interessierten, war Emily mehr an Flora und Fauna interessiert und wusste viele Details. Sie kam aus England, war Teil einer privilegierten, reichen Familie, hatte aber für sich schon recht früh festgestellt, dass dies nicht ihr Leben ist. Das in England übliche System von Internat und Studium hatte sie hinter sich gebracht, es war der Weg, der Pflicht und den Erwartungen der Familie Rechnung zu tragen, um dann ihr Leben so zu gestalten, wie sie es für richtig hielt. Bei der Wahl des Studiums hatte sie sich durchsetzen können, aber viele Auslandsaufenthalte in Ländern außerhalb Europas, begründet gegenüber der Familie mit einer Wichtigkeit für ihre Ausbildung und damit auch der Finanzierung ihrer Reisen, hatten sie zu einer anderen Vorstellung von Leben gebracht. So bestand der Kontakt zur Familie (außer Familienfeiern) im wesentlichen darin, dass die Eltern Ihre Wohnung bezahlten und sie sich ihr Geld für den Rest verdiente, ihr persönlicher Preis der Freiheit. Sie engagierte sich im Tierschutz, dem Erhalt und der Verbesserung von Umweltbedingungen und sozialen Projekten. Die Reisen und ihre Engagements hatten sie von einer Vegetarierin zu einer Veganerin werden lassen, das auch konsequent und Anderen gegenüber auch ohne Überzeugungswillen. Sie kannte sich auch gut aus im Bereich der Nahrungserzeugung und –qualität. Wir verbrachten während des Jakobsweges einige Zeit miteinander, sie haderte im Moment etwas mit sich selbst, war auch an einem Punkt ihres Lebens, wo sie mit sich selbst im Clinch lag, welche Richtung sie nun weiter einschlagen sollte. Ihre Vergangenheit war nicht so einfach gewesen, jetzt, wo das Leben ihr zu gehören schien und Kompromisse nicht mehr in dieser Form nötig waren, galt es ihrem Leben eine eigene Gestaltung zu geben. Seit ein paar Monaten war sie bereits auf Reisen, dann, eines Tages stand bei ihr der Jakobsweg an. Von einigen Teilen hatte sie bereits eine sehr klare Vorstellung, andere Teile waren noch nicht so greifbar, dies betraf insbesondere ihre Gefühlswelt, Hier vermisste sie selbst jene Klarheit, die sie in dem anderen Bereich erworben hatte. Klar hatte sie schon Beziehungen, aber die Vielschichtigkeit, Wünsche, Widersprüche, Hoffnungen, Sehnsüchte als Frau und ggfs. späteren Mutter ließen eben genau nicht erkennen, wo man gerade stand, es fängt immer neu an und Zukunft oder Perspektive bleiben mehr oder weniger immer verborgen oder sind nicht so klar, wie es der rationale Teil kennt. Hier war sie noch eingefangen in der Vergangenheit und in einer Art Schneckenhaus, bereit sich zu befreien, aber vielleicht so nicht soweit, wieder einen Versuch zu wagen und einzulassen. Äußerlich tough und strukturiert, sehr klar, innerlich eher unsicher und verunsichert, aber auch das sollte sich gegen Ende des Jakobsweges geändert haben.

Bei meiner Ankunft gegen 13 Uhr traf ich dort auf Paul und noch weitere Mitpilger, eine gemeinsame Rast dort, eine Kleinigkeit essen und was erzählen waren eine angenehme Begleiterscheinung. Ich wollte an diesem Tag eigentlich nur noch bis Villamayor de Monjardin gehen, aber der Weg führte an dem Tourismusbüro vorbei, so dass ich dort reinschaute, um mehr und aktuelle Informationen über den weiteren Verlauf des Jakobsweges zu erhalten. Gut, dass ich das, einer Intuition folgend, gemacht habe, denn in Villamayor de Monjardin hatte zu diesem Zeitpunkt keine Herberge geöffnet. Die nächste geöffnete Herberge sei erst wieder in Los Arcos, hier sei die Casa de Austria zu empfehlen, die von den österreichischen Pilgerfreunden geführt werde. Mir war es zu früh, um den Tag zu beenden, das Wetter war gut, aber noch mal ca. 21 KM? Die anderen wollten hier bleiben, aber ich entschied mich dann doch noch weiterzugehen. War der Weg nach Estella/Lizarra sehr schön, so ist der weitere Verlauf neustädtisch geprägt, Vororte, Schnellstraßen, die aber bald abgelöst werden, sobald man sich dem **Kloster Irache** nähert und dem schönen Weg weiter bis Villamayor de Monjardin folgt. In Irache, vor dem eigentlichen und namengebenden Kloster gibt es einen besonderen Pilgerservice, hier fließen für Pilger Rotwein und Wasser aus zwei getrennten Hähnen, aufgenommen und live ins Internet gestellt, kann man jederzeit sehen, welche Pilger gerade da sind ... Nach einer kurzen Rast und dem Auffüllen einer der beiden Flaschen mit 50% Rotwein und Wasser, ging es so gestärkt weiter. Die Klosteranlage von Irache gehört zu den größeren ihrer Art. Hier wäre ich gerne länger geblieben, aber ich hatte ja noch einiges vor mir, so dass ich auf eine intensivere Besichtigung verzichtete, nur um mir wenig später ein paar Hundert Meter weiter, einen Friedhof näher anzugucken, der einen alten Torbogen hatte und von innen Details und Skulpturen aufwies, die ich so noch nicht gesehen habe, im Inneren weckten einige Skulpturen und die Grabgestaltung Erinnerungen an den Friedhof von Per la Chaize in Paris. Hier traf ich erstmals auf **Christine**, über die ich später in einem anderen Zusammenhang noch schreiben werde. Nach einem kurzen Gespräch zog ich dann erstmal weiter in Richtung Villamayor de Monjardin, die Strecke ist schön, aber es sind ca. 300 Höhenmeter zu bewältigen. Insbesondere der letzte Teil hat es in sich, ab hier fängt unübersehbar der Weinanbau als dominierendes Element der Landschaft an. Ab **Villamayor de Monjardin**, hier war ich gegen 16.30 Uhr, ging ich mit Carlos, einem Argentinier, weiter. Carlos hatte arge Probleme mit den Knien, eins verbunden, eins noch nicht, aber, dass das Gehen ihm schwerfiel, war ihm anzusehen. Ich fragte ihn, ob er Hilfe brauchen würde, Salben, Medikamente, ob ich was für ihn tun könnte. Er verneinte, aber ich hatte das Gefühl, ich konnte ihn so unmöglich alleine weitergehen lassen und so begleitete ich ihn, passte mich seinem Tempo an und wir unterhielten uns während des ganzen Weges. Noch war es sonnig und schön, aber 14-15 KM würden es noch sein.

Carlos

Carlos war groß, ca. 1,85 m, sehr kräftig und durchtrainiert. Das Auffällige an ihm war sein Rucksack. Riesengroß diente er nur dazu Grundlage von Befestigungen zu sein, die Umfang und Gewicht noch mal fast verdoppelten, das Gewicht dürfte bei ca. 35 – 40 kg gelegen haben. Wer tut sich so was an auf dem Jakobsweg? Auch hierzu gab es, ähnlich wie bei Bernhard, eine Geschichte. Carlos hatte schon immer davon geträumt für 3 Monate nach Europa zu gehen, ihn interessierten nicht die Metropolen und die Kultur, sondern die Natur, er wollte in die Alpen, die Dolomiten und den Jakobsweg gehen, das einzig und allein für seine Tochter Maria, ihr zu Ehren und zum Wohlgelingen ihren Lebens. Und für ihren Segen bitten und beten bei einer Pilgermesse in der Kathedrale von Santiago de Compostela. Mit seiner Frau war das abgesprochen und obwohl er seine Frau auch liebte, daran hatte ich keinen Zweifel, trug er nur ein Foto von seiner Tochter im Portomonaie, schon etwas abgegriffen, aber auch dafür gab`s eine Erklärung. Er war zu stolz sich helfen zu lassen, er sah den Jakobsweg als eine Prüfung seiner Liebe zu seiner Tochter an und immer wenn es nicht weiterging, setzte er sich, zog das Foto von ihr aus dem Portomonaie, sah es an, flüsterte ihren Namen, küsste es, ab und zu weinte er dann auch, dann ging es weiter. Nach Los Arcos habe ich ihn nicht mehr getroffen, aber es hat mich beeindruckt, zu was jemand alles in der Lage ist, wenn das Motiv hierfür so stark ist. Er vermied so weit wie möglich Kosten, weil er nur begrenzt Geld mit hatte. Seit der Landung in Madrid, hatte er nur einen Bus genommen, der ihn in die Nähe seines Startpunktes gebracht hatte, von da aus ging er zu Fuß, schlief nachts im Zelt, kochte mit einem Kocher sein Essen und ging weiter. Im Rucksack transportierte er also eine komplette Outdoor Ausrüstung, die Ihn autark machte und seine Sachen zum Bergsteigen, Biwakzelt, Schlafsack, Trekkingstöcke und andere Bergschuhe, plus den Rest an Dingen, die man für 3 Monate braucht. Er war zu dem Zeitpunkt schon etwas mehr als 2 Wochen unterwegs, als ich ihn getroffen habe.

Wir kamen nur sehr langsam weiter, jede Form der Hilfe, auch einen Teil seines Gepäcks zu tragen, lehnte er kategorisch ab. Mir machte das langsame Tempo zu schaffen, es kostete viel Kraft. Gott sei Dank, dass ich bei ihm geblieben bin, bei der nächsten Pause, ca. 1,5 KM weiter stellte sich heraus, dass er noch nicht mal mehr was zu trinken hatte. Auf den Weinfeldern trafen wir Arbeiter und die fragte er, wie weit es noch sei bis Los Arcos und ob es dorthin einen direkten, schnelleren Weg geben würde. Der zweite Teil wurde verneint, der erste Teil der Frage wurde, egal wo wir im weiteren Verlauf gerade waren, mit: maximal 5 bis 7 KM und ca. 40 bis 60 Minuten angegeben. Für mich wurde es zunehmend belastender und schwieriger, nicht in meinem Tempo zu gehen, für Carlos war es fast unmöglich, überhaupt ein gleichmäßiges Tempo zu erreichen. An einem Bach machten wir wenig später nochmals Rast, ab da stützte ich ihn. Wir schafften so natürlich nicht viel, es wurde langsam dunkel und auch kälter. Irgendwann war es für Carlos so weit, er setzte sich an den Rand, die Stadt in Sichtweite, die Leuchten waren schon an, er wollte hier sein Zelt aufschlagen und bleiben, in Los Arcos würde er ja auch bloß im Park sein Zelt aufschlagen. Ich musste lange mit ihm reden, damit er davon abließ, zumal wir auch erkannt hatten, dass die Wegführung einen unnötigen Umweg mitgebracht hatte, sonst sicherlich kein Problem, aber in dieser Situation, wo man anfängt, mit jedem Meter zu rechnen, schon. Er musste zumindest morgen direkt zum Arzt, hatte weder was zu Trinken noch was zum Essen und ich hätte ihn von mir aus nicht alleine gelassen. Wir einigten uns darauf noch 15 bis 20 Minuten zu gehen, ich versprach ihm, dann abzuschätzen, wie lange es noch dauern würde, er müsse sich keine Gedanken machen, es sei toll, ihn kennengelernt zu haben und mir würde absolut nichts fehlen, wenn ich ihm die Übernachtung in der Casa de Austria bezahlen würde, Maria wäre stolz auf ihn. Wir humpelten und schlufften so weiter, es wurde dunkel, ich musste meine Stirnlampe anmachen, damit wir nicht in Schlaglöcher traten. Es wurde zu einer einzigen Qual, das Wasser war bereits alle, als wir uns der Vorstadt näherten, Um ihn etwas abzulenken und mich auch, fragte ich ihn alles über seine Tochter Maria, mit jedem Schritt und jeder Antwort schien sie mir vertrauter zu werden. Gegen den Durst fanden wir kurz vor der Vorstadt Himbeersträucher und einen Apfelbaum, deren Früchte ich pflückte, während er eine kurze Rast machte und die wir beim Weitergehen aßen. Der Weg durch die Vorstadt war trist, es war menschenleer, keinen, den man hätte fragen können um nicht unnötig zu gehen. Weiter in Richtung Zentrum fragte ich in einer Bar nach, es war nun nicht mehr weit, den letzten Rest quälten wir uns noch hin bis wir gegen 21.15 Uhr ankamen. Hier wurden wir freundlich empfangen, ich bat die Hospitalera darum, sich bitte um Carlos zu kümmern. Sie war medizinisch ausgebildet, die Knie sahen schon schlimm aus, als sie sich die Füße über und über mit Blasen angesehen hat, war ich froh, ihn hierher gebracht zu haben. Er wurde versorgt, der Herbergsvater sprach mit einem anderen Pilger wegen eines Bettentausches, so dass Carlos im Erdgeschoss untergebracht werden konnte. Ich selbst bekam ein Bett in der oberen Etage. Als ich hochging, kam ich an der Gemeinschaftsküche vorbei, ein lautes Hallo empfing mich, eine muntere Truppe, bei der auch Christine war, sagte ich solle mich beeilen, es sei noch Essen warm, Spaghetti, Soße, auch noch Salat, Bier und Wein. Ich packte kurz aus, bereitete mir mein Bett, duschte und ging kurz zu Carlos runter und stützte ihn beim Hochgehen, er hatte Bärenhunger. Ich war zwar erschöpft, aber noch aufnahmefähig und hellwach, es war eine lustige, tolle Runde, die bis 0.30 Uhr andauern sollte.

An der lustigen Runde hatten teil: Ein finnischer Geschäftsmann, ein lustiger Typ, der durch den Verkauf seiner IT – Firma soviel Geld hatte, dass er nicht mehr arbeiten musste, nun aber überlegte, was er mit dem Rest seines Lebens anfangen soll, ein Kunstprofessor aus Österreich, der mal aus seinem Trott raus wollte, zwei ältere Frauen jenseits der 60 Jahre aus England, ein Mann mit seiner Frau und ihrer Schwester aus der Tschechei, **Larry** aus den USA, Christine aus Kanada, einige Leute aus Korea, Australien, Neuseeland, einige Studenten aus diversen europäischen Ländern, so gab es viel zu erzählen, viel in Kleingruppen oder zu zweit, aber alle gedrängt um die zwei großen, langen Tische und mitunter in der Küche, um Wein nachzuholen, was zu essen zu machen. Diese Herberge ist für mich so was wie das Flagschiff einer Herberge auf dem Jakobsweg: großer, gemütlicher Gemeinschaftsraum mit Küche, angenehme kleine Zimmer, keine Säle, gute und ausreichende sanitäre Anlagen, mit allem Wichtigen in der Küche ausgestattet, Wein zum Nachholen, auch nach 22 Uhr Ruhe bzw. Sprechlautstärke ab 22 Uhr, Innenhof. Hier war für mich der Wohlfühleffekt am größten.

17.03. Sechster Tag: ca. 30 KM
Sansol – Torres del Rio – Viana – Logroño

Etwas später als sonst ging es heute los. Das Frühstück mit verschiedenen Sorten selbstgebackenen Brotes, Marmelade und Kaffee zum Morgen war eine ungewohnte und leckere Abwechslung und ließ den Tag gut beginnen. Bevor ich dann losging, habe ich noch nach Carlos geschaut, er war aber beim Arzt. Gegen 9 Uhr startete ich dann von der Herberge aus , die Altstadt bietet herrliche Motive zum Fotografieren, so dass es etwas dauerte, bis ich aus Los Arcos raus war. Das Wetter war wieder mal ausgezeichnet, sonnig, wolkenloser Himmel und eine angenehme Temperatur ohne Wind. Der erste Teil nach **Sansol** führt entlang einer vielbefahrenen Nationalstraße, entfernt sich aber später ein wenig davon. Torres del Rio folgt bald und bis auf den letzten Teil des Weges nach **Viana** ist man inmitten der Natur. Gegen 14 Uhr war ich bereits in Viana, hier traf ich auf Mitpilger, aß etwas und machte eine längere Rast. Der Weg aus Viana raus ist weniger schön, entlang der Nationalstraße, später geht es dann durch ein Naturschutzgebiet, um vor Logroño wieder entlang einer vielbefahrenen Nationalstraße ins Zentrum zu führen. Um 17.30 Uhr traf ich in der Herberge direkt zu Beginn des Zentrums ein, meldete mich an, bekam meinen Stempel und war angenehm überrascht, hinter äußerlich altem Gemäuer eine modern ausgestattete Herberge mit Schlafräumen auf mehreren Etagen verteilt und eine gut ausgestattete Küche vorzufinden. Mit Mitpilgern verständigte ich mich, dass wir zusammen was einkaufen, kochen und danach zusammen essen wollten. Meine Sonnenbrille war kaputt gegangen, ich besorgte Ersatz im Zentrum und noch Sonnenmilch, bei mittlerweile 10 Sonnenstunden am Tag ein Muss. Es wurde ein schöner Abend, der sich bis gegen 23 Uhr hinzog.

18.03. Siebter Tag: ca. 26 KM
Navarrete – Ventosa

An diesem Morgen war ich zeitig wach und verließ mit Alfredo um 07.30 Uhr nach ein paar Kaffee und 2 gekochten Eiern für unterwegs die Herberge. Der Weg durch **Logroño** im Innenstadtbereich war schön, es war um die Zeit noch nicht viel los, das Wetter war angenehm und es sah wieder mal nach einem sonnigen Tag aus. Der Weg durch die Vorstadt raus ließ sich um die Uhrzeit gut ertragen, dann geht es durch ein Naherholungsgebiet auf einem Weg zu einem See. Alfredo hatte ich schon gestern kennengelernt, ein Spanier, von Statur her klein, ca. 1,60 m groß, kräftig und rund, so wie man sich Sancho Pansa vorstellt. Gut drauf, seine 68 Jahre habe ich ihm solange nicht geglaubt, bis er mir seinen Personalausweis zeigte. Er wohnte in Nordspanien, hatte Probleme mit den Knien und Asthma, ging aber ein zügiges Tempo, nur mit viel Pausen. Er verteilte den Jakobsweg auf mehrere Etappen, ging immer mal 3 – 5 Tage und fuhr dann zurück nach Hause, um dann später wieder dort, wo er ihn zuletzt beendet hatte, weiter zu gehen. Er machte mich am See auf **Marcelino** aufmerksam, einer Legende des Jakobsweges, mit dem ich dann auch schnell ins Gespräch kam.

Marcelino

Marcelino war groß und kräftig, trug einen grauen Rauschebart und langes, lockiges, gewelltes Haar, war gekleidet in der Tracht der Pilger des 12. – 13. Jahrhunderts, hatte fast immer eine Zigarette an, liebte Rotwein und trank sehr gerne und auch viel. Alleine auf den folgenden 1 -2 KM begrüßte er fast jeden, wechselte ein paar Worte, um dann wieder ein paar Schritte zu gehen, nur um dann wieder von einem kurzen Gespräch unterbrochen zu werden. Er kannte Hinz und Kunz. Die Auflösung erfuhr ich später von ihm. Er gehört zu den Pilgern der Kathedrale von Santiago de Compostela, die sich der Pflege und

Kultur des Jakobsweges verpflichtet haben. Er beginnt ihn von seiner Haustür an und trifft in Logroño auf den Camino Real, den er dann bis Santiago weitergeht. Er hatte die Idee mit den gelben Pfeilen zur Wegkennzeichnung, 1980 fing er mit dem Teil vom O`Cebreiro mit den 6 anderen Botschaftern des Jakobsweges damit an. Kaum eine Herberge von Logroño aus, wo nicht ein signiertes Foto von Ihm hängt. Ausgestattet werden sie am letzten Sonntag im Dezember vor dem Beginn des heiligen Jahres (alle 7 Jahre) in einer feierlichen Zeremonie mit der dann für 6 Jahre gültigen Pilgerkleidung, alle aus dem Zeitraum des 12. – 15. Jahrhunderts. Marcelino geht den Jakobsweg seit 1980 von Valencia, seinem Wohnort aus, mindestens ein Mal im Jahr, meist jedoch öfter, hinzu kommen noch besondere Anlässe, wie in diesem Fall die Neueröffnung einer Herberge in Santo Domingo de la Calzada mit dem Ministerpräsidenten der Provinz, dem Bischof und der Brüderschaft, die den Neubau ermöglicht und mitfinanziert hat. Er arbeitet in einer Gummifabrik in Valencia, die ihn für solche Ereignisse freistellt, zudem wird er von Fernseh- und Radiosendern gesponsort und macht auch eigene Beiträge/Sendungen. Das alles macht ihn zu dem „personalisierten Jakobsweg" und erklärt seine Bekanntheit. Von ihm erhielt ich dann noch eine Feder vom Hahn und der Henne aus dem Käfig von St. Domingo de Calzada und einen Stein mit einem gelben Pfeil, sowie die Einladung zu der Eröffnung, wo er dann auch noch sagte, Wein gäbe es reichlich und auch genug zu essen. Er sprach mir auch eine Empfehlung für Tomas in Manjarin aus, die einen Empfang und eine Gespräch mit Tomas ermöglichen (Tomas ist der letzte offiziell bestätigte lebende Tempelritter in Spanien, der auch noch die alten Rituale der Tempelritter pflegt und ausübt). Marcelino weiß viel vom und über den Jakobsweg und versteht es, Fakten und Ereignisse gut zu vermitteln, der Gesprächsstoff schien unendlich.

Nach dem etwas langsamen Weitergehen mit Marcelino - Alfredo war schon weiter gegangen - setzte ich meinen Weg dann im mir gewohnten Tempo weiter fort, wo ich dann Christine wieder traf. Christine hatte eine Ausstrahlung, die mich ansprach, etwas zog mich zu ihr hin, so dass wir uns bis Navarrete so intensiv unterhielten und die Zeit im Fluge verging . In **Navarrete** versorgten wir uns beim Markt mit frischem Obst und haben dann direkt am Marktplatz etwas gegessen, uns unterhalten, die Sonne und die Rast genossen. Nach einer, bedingt durch die schönen Gespräche, längeren Pause von ca. 2 Stunden, setzte ich mit Christine den Weg fort. Das Wetter war klasse, die Rast gab neue Kraft und der Camino lockte zum Weitergehen. Navarrete ist ein hübscher Ort, aber der Weg raus führt entlang einer vielbefahrenen Straße, später dann parallel dazu und noch etwas weiter parallel zur Autobahn, lediglich die letzte Strecke nach **Ventosa** ist angenehm, weil sie sich von der Landstraße und Autobahn entfernt. Auf dem Weg von Navarrete und dem Termin in Santo Domingo de Calzada am 20.3. bin ich dann mit Christine übereingekommen, in Ventosa zu übernachten, in der Herberge San Saturnino (7,- €), die von italienischen Pilgerfreunden geführt wird. Durch die intensiven Gespräche auf dem Weg nach Ventosa verpassten wir dann noch einen Abzweig, so dass wir etwas mehr als 2 Stunden brauchten. Die Herberge war nicht groß, kleine gemütliche Zimmer mit nicht so viel Betten, schnuckelig und sauber, wie von Marcelino beschrieben. Die sehr freundliche Romina, Hospitalera aus Sardinien, empfing uns. Dann war Duschen, Kleidung waschen, Tagebuch schreiben und Seele baumeln lassen auf der Dachterrasse angesagt. Romina bot an, ein Pilgermenü zu machen, trotz einer kleinen Küche sagten wir zu, es sollte sich lohnen. Ich half ihr beim Kochen, für mich ist Kochen immer auch mit Entspannung verbunden, außerdem konnte ich sie näher kennenlernen und erfahren, wie sie zur Hospitalera hier geworden ist. Das Abendessen wurde im Erdgeschoss eingenommen, ein großer Tisch gedeckt, Kerzenlicht, der Kamin angemacht und klassische Musik im Hintergrund begleitete das Abendessen. Ich half Romina noch beim Abwasch und ging wieder ins Kaminzimmer, wo Marcelino noch ein Video über den Jakobsweg einlegte und was dazu erzählte. Gegen 23 Uhr fand der Abend sein Ende, die Ruhe der Herberge und des kleinen Ortes taten gut.

19.03. Achter Tag: ca. 17 KM
Najera – Azofra

Ich habe herrlich schlafen können, die Nacht fand gegen 6 Uhr bei mir ihr Ende, ich machte mich fertig für den Tag und klopfte bei Christine am Zimmer, wir hatten uns abends noch darauf verständigt, dass der erste, der wach wird, den anderen weckt, um den Tag gemeinsam zu verbringen und in Azofra zu übernachten. Wir konnten es angesichts der wenigen Kilometer bis nach Azofra zwar langsam angehen lassen, wollten aber dennoch den gewohnten Rhythmus beibehalten und lieber aufmerksam den Weg gehen und mehr Pausen machen und die freie Zeit mit Tagebuch schreiben, Gesprächen und Seele baumeln lassen ausfüllen. Ein reichhaltiges, gutes Frühstück, ganz in Ruhe ließ den Tag gut beginnen, bis wir dann soweit waren, die Herberge zu verlassen, war es bereits 8 Uhr. Es war noch kühl, versprach aber ein sonniger Tag zu werden. Hier folgt dann eine landschaftlich schöne Strecke, die sehr angenehm zu gehen ist, mit wenig Straßenanteil oder -überquerungen bis nach **Najera**, Der Weg von Najera führt abseits großer Straßen durch Weinbaugebiete und landschaftlich schöne Strecken, sehr einfach zu gehen. Pilger unterwegs werden mit „Auppa" (Kraft) und „Bon Camino" begrüßt und auch verabschiedet. Wir haben es langsam angehen lassen, in Najera eine längere Pause gemacht und waren bereits früh am Tag in **Azaofra**, einer kleinen Herberge direkt an der Kirche, mit wenig Plätzen, hatten gerade unsere Betten bezogen, nachdem wir den Schlüssel für die Herberge in der Tienda gegenüber geholt und dort auch was für´s Kochen gekauft und die Wäsche gewaschen hatten, als jemand von der Gemeinde vorbeikam und uns sagte, wir sollten bitte in die neugebaute Herberge umsiedeln. Als ich mir die Kirche genauer ansah, fiel mir die Gedenktafel am Eingang auf. Hier wird, fast 70 Jahre nach Ende des spanischen Bürgerkrieges, bei der die Kirche ja auch eine entscheidende Rolle gespielt hatte, einseitig der Opfer der Franco Anhänger gedacht, die hier von der Kirche auch noch gesegnet wurden und als getötete Franco Kämpfer „für Gott und Spanien in dem Heiligen Kreuzzug gegen den Kommunismus gestorben sind". Als Zeitdokument gut, aber ohne jede Kommentierung oder auch Andenken an die Opfer auf republikanischer Seite nach 70 Jahren??? Ein Zeichen dafür, dass der spanische Bürgerkrieg zwar beendet ist, aber die Folgen davon noch immer entstandene Gräben durch Familie und Gesellschaft in Spanien aufwerfen und verstärken. Die Herberge am Ortsrand war noch neu, kein Vergleich zu den 3 Räumen an der Kirche. Kleine Zimmer mit je 4-8 Betten, klasse Sanitäranlagen, einem riesigen Esszimmer, Aufenthaltsraum und Küche. Es trafen immer noch mehr Mitpilger ein, viele bekannte Gesichter, mit einigen verständigte ich mich auf ein gemeinsames Abendessen, ich besorgte die Lebensmittel, die anderen sorgten für Wasser, Wein und Bier. Die Gespräche mit Christine waren sehr intensiv und interessant und gingen bis zum Einkaufen.

Christine

Christine war die Person auf dem Jakobsweg, die mich am meisten beeindruckt hat und zu der eine besondere Seelenverwandtschaft bestand und immer noch besteht, wir sind auch jetzt noch in intensivem Kontakt. Christine ist eine jener Personen zu denen man ein Band spürt, das einen miteinander verbindet, von Anfang an und von dem man nicht weiß, weshalb und wieso, es nur spürt und registriert. Wir haben auf dem Jakobsweg viele Situationen miteinander erlebt und durchgestanden, ich weiß jetzt deutlich mehr über sie als vorher, aber das hat hier weder den Platz noch den Raum. Sie war Schweizerin, entfloh der Enge des Denkens und des Raumes in der Schweiz schon sehr früh und tauschte es gegen Goa in Indien ein. Von dort aus verschob sich der Mittelpunkt ihres Lebens in den Himalaya, wo sie Bergsteigertouren führte, neben indisch noch tibetisch lernte und tibetische Kinder in Englisch unterrichtete. Der Lebensmittelpunkt verschob sich ein weiteres Mal nach Manali, wo sie in Vipassana eingeführt wurde und als Meisterin, die unterrichten durfte, abschloss. Eine persönliche Einzelausbildung über 10 Tage beim Dalai Lama schloss diesen Teil ab. Weiter zog es sie durch mehrere Länder Asiens, eine Tanzausbildung im klassischen Tanz in Indonesien beendete diesen Lebensabschnitt und es folgte die Zeit, die sie seitdem in Kanada verlebt, neben dem Broterwerb mit der Einführung und dem Studium des Schamanismus der Indianer weiterführt und nebenher einen Teil der Vipassana Zentren in den USA aufbaut. In ihr fand ich vieles von mir wieder, nicht in Form einer gelebten Praxis, sondern eher darin, dass ich an einigen Punkten des Lebens vor ähnlichen Überlegungen gestanden hatte, aber es anders umgesetzt hatte, so dass sie mir in einer ganz unaufdringlichen Weise das vorgeführt hat, wie eine Alternative zu den Entscheidungen, die ich getroffen habe, hätte aussehen können. Zudem fühlte ich mich zu den Erfahrungen ihrer Art immer schon in den verschiedenen Phasen meines Lebens mal mehr und zeitweise auch weniger hin- und angezogen. Das worüber wir uns unterhalten haben, war für sie sicherlich nur ein kleiner Kosmos ihrer Erfahrungen, ihres Wissens und ihrer Art Entscheidungen zu treffen, für mich wurde dadurch eine Tür aufgestoßen, die Dinge und Sichtweisen nicht radikal, sondern langsam und mit Nachdruck intensivierten. Die Erlebnisse von ihr und auch die Erfahrungen, die sie gemacht hatte, verstärkten den Eindruck, dass es auch in und bei mir viele Bereiche gab, die noch nicht so eine große Chance gehabt haben, sich zu entwickeln und so sog ich denn auch viel mit Neugier und Interesse auf, war zugleich auch dankbar dafür, dass mir bestimmte Erfahrungen ihres Lebens bisher erspart blieben. Auch bei ihr war die Entscheidung, den Jakobsweg eher kurz entschlossen gefallen, sie trug sich mit einer Entscheidung, die sie treffen wollte und der Jakobsweg sich dafür mehr und mehr in den Vordergrund geschoben hatte und dann auch gegangen wurde. Die Tatsache, dass bestimmte Menschen zu bestimmten Zeiten einen Weg kreuzen, war für mich einmal mehr eine Bestätigung dafür, dass es für alles im Leben einen richtigen Zeitpunkt und einen richtigen Ort gibt, scheinbare Zufälle eher das Ergebnis der eigenen Logik des Lebens entsprechen bzw. das Leben durch solche Ereignisse dem persönlichen Leben eine Korrektur oder Richtungsänderung vornimmt, wir empfänglich für Dinge werden, die wohl schon immer da sind oder waren, aber wohl nur bedingt durch bestimmte Personen oder Ereignisse sichtbar oder klar werden und Bedeutung bekommen. Die Erfahrung machen wir ja oft in der Schule, der Ausbildung, der Arbeit, der Familie usw. von manchen Personen können wir zu bestimmten Zeiten Dinge annehmen, die anderen Personen verwehrt bleiben, obwohl es inhaltlich um das Gleiche geht.

Nach dem Essen sind wir dann noch in eine Bar, die Marcelino empfohlen hatte, nett, guter Wein für wenig Geld, wir waren aber bereits gegen 22 Uhr bereits in der Herberge, Marcelino riet uns ganz früh aufzubrechen, weil bereits ab 11.30 Uhr Festumzüge und Feierlichkeiten in Santo Domingo de Calzada anfangen würden, die eigentliche Einweihung sei aber erst gegen 13.30 Uhr.

20.03. Neunter Tag: ca. 16 KM
Ciruena – Santo Domingo

Heute ging es noch früher los, bereits um 7.30 Uhr war ich mit Christine auf dem Weg, Marcelino war schon um 6 Uhr aufgebrochen. Es war kühl am Morgen, aber auch heute versprach es ein sonniger Tag zu werden. Bis auf ein kurzes Stück parallel der Landstraße und dem Weg durch ein Neubaugebiet beim Golfplatz bei **Ciruena**, führt der Weg durch die Landschaft, ungestört von Verkehr. Es geht sich leicht und angenehm weiter bis nach **Santo Doningo de la Calzada**, einem netten, sehr gut erhaltenen Zentrum, das im Wesentlichen so wie früher geblieben ist. Um 11.30 Uhr waren wir am Empfang der nachher schon „alten" Pilgerherberge, sollte die Neue doch um 13.30 Uhr direkt daneben eingeweiht werden. Die „alte" Herberge hatte größere Schlafsäle mit Doppelstockbetten, gute sanitäre Einrichtungen und eine Küche, alles im historischen Gemäuer der Cofradia del Santo, die die Herberge unterhält. Nach dem Frischmachen sind wir noch etwas durch die Stadt gegangen, es war ja noch Zeit und wir waren rechtzeitig zur Eröffnung zurück, großer Trubel, der Minister von Navarra war da, der Erzbischof, Film, Fernsehen, Radio, es schien zu einem Medienspektakel zu werden. Marcelino, den ich herzlichst begrüßte, sagte, wir sollen nichts essen oder trinken gehen, es gäbe danach noch ein Buffet im Innenhof. Meine Begrüßung mit Marcelino war herzlich und wurde wohl auch gefilmt, bereits am Abend in der Stadt sprachen mich die ersten Mitpilger darauf an, dass sie mich in den Nachrichten gesehen hatten. Da in den spanischen Bars in der Regel Fernseher sind, konnte ich mich dann später noch in der Altstadt auch noch in den Nachrichten sehen. Zufällig war auch ein koreanisches Fernsehteam da, hier wurde ich ebenfalls zu einem Interview gebeten. Die Eröffnung mit Segnung der Pilgerherberge war wie üblich trocken und steif, danach das Buffet war lockerer, aber sowohl Christine als auch ich hatten den Eindruck, als Pilger, denen es ja eigentlich dienen sollte, nicht so willkommen zu sein, die Brüder der Cofradia, die Stadtoberen und ausgewählte Gäste wollten wohl eher unter sich sein. Schön war es, weil von hier aus der Käfig des Hahnes und der Henne (vergl. die Legende hierzu) hier gut zugänglich waren. Es war ein schöner und sonniger Tag, das Essen war gut, der Wein vorzüglich, aber gegen 16 Uhr, sind Christine, Larry (zu dem ich an späterer Stelle noch was schreiben werde), Marcelino und ich noch durch Santo Domingo gezogen, wo uns Marcelino noch einiges erklärte und zeigte, bevor wir ihn gemeinsam zur Busstation brachten, er musste zu einer Konferenz nach Leon und deshalb den Bus um 17.45 Uhr nehmen. Wir anderen zogen mit Paul, der auch eingetroffen war, noch bis kurz vor 22 Uhr durch die Altstadt, unterhielten uns lange, bevor wir uns dann ins Bett legten. Die etlichen Gläser Rotwein zeigten ihre Wirkung und ich hatte einen guten Schlaf.

21.03. Zehnter Tag: ca. 33 KM
Grañón – Viloria de Rioja – Belorado – Tosantos – Villambistia

Nach ein paar Kaffee in der kleinen Küche ging ich mit Christine gegen 8 Uhr los, Larry war schon länger unterwegs, er war Frühaufsteher, in dem Fall aber gut, weil Larry eher schweigsam war, lieber alleine lief und immer ein schnelles Tempo forcierte und ich noch Zeit hatte, unsere Unterhaltung vom Vortag weiter zu führen. Bis zu unserm ersten Halt in **Grañón**, ca. 8 KM entfernt, ging es mehr oder weniger parallel der Nationalstraße, lediglich die letzten 2-3 KM verlaufen fernab der Straße durch die Landschaft, angenehm zu gehen. Der Weg gab zum ersten Mal den Blick auf noch schneebedeckte Berge frei. Anfänglich etwas kühl, wurde es immer wärmer, je höher die Sonne stieg. Die Mahlzeit und der Kaffee in Grañón taten gut, aber nach 1 Stunde ging es dann schnell weiter. Anfänglich wieder über breitere Wege durch die Natur, später dann wieder, vor **Redecilla del Camino**, neben der Nationalstraße weiter. Es folgen kurz hinterher noch weitere kleine Orte, **Castildelgado** und **Viloria de Rioja**, dann noch, wieder an der Nationalstraße, **Villamayor del Rio**, dann weiter parallel der Nationalstraße bis nach **Belorado**. In diesem Teil des Jakobsweges, auf späteren Strecken noch mehr, finden sich fast überall Storchennester auf, um und an den Kirchtürmen, besonders in den Dörfern. In Belorado trafen wir um 16 Uhr ein, kauften Brot und Teilchen, tranken einen Kaffee, ruhten uns für 30 Minuten aus und gingen dann weiter. Als Ziel hatten wir Villafranca Montes de Oca im Visier, es war ja noch relativ lange hell, aber beim Weg raus aus Belorado, entlang und parallel der Nationalstraße, hatte Christine mehr und mehr Schmerzen in den Füßen, alles tat weh, zu dem Zeitpunkt wussten wir noch nicht weshalb. Kurz vor Tosantos in Sichtweise der Strecke befindet sich eine Einsiedelei mit Höhlen im Berg, die den Mönchen als Unterkunft dienten. **Tosantos** war gerade erreicht, hatte zwar eine Herberge, diese war aber nicht ganzjährig geöffnet, so zogen wir, bedingt durch die stärker werdenden Schmerzen bei Christine, etwas langsamer weiter, durch Nachfragen fand ich heraus, dass nur etwas weiter, in ca. 3-4 KM eine Herberge der Gemeinde existierte, die von den Inhabern einer Bar geführt wurde. In **Villambistia,** ein übersichtlicher, kleiner Ort waren Bar und Herberge nicht zu verfehlen, gegen 18.20 Uhr war noch herrlicher Sonnenschein, ein Alster draußen am Tisch, die Schuhe ausgezogen, die Gewissheit, ein Bett für die Nacht zu haben, das Angebot, das Pilgermenue um 20 Uhr zu bekommen ... der Tag endete gut. Die Herberge war schön, sauber, das Zimmer mit den schönen 6 – 8 Doppelstockbetten auch groß genug, kurz: wir hatten einen Glücksgriff gemacht. Larry war auch schon da, ich ging hoch aufs Zimmer, Kleidung waschen und reinigen, dann kam mein Körper dran. Bedingt durch die Jahreszeit, hatte ich mir angewöhnt, zunächst die Kleidung zu waschen und schnell rauszuhängen, um Sonne und Wind möglichst lange nutzen zu können, später abends ist die Luft ebenso wie früh am Morgen noch sehr feucht. Sind die Sachen am Abend oder frühen Morgen noch nicht trocken, können sie nicht im Rucksack transportiert werden, sind schwerer und wenn die Sonne nicht scheint oder kein Wind ist, bleiben sie feucht und es ist unangenehm in feuchter Kleidung zu gehen. Heizung gibt es in den wenigsten Herbergen, so dass ausschließlich ein kleines Zeitfenster zum Trocknen der Kleidung zur Verfügung steht. Ich nutzte den Rest der Zeit, um weiter mein Tagebuch zu schreiben, wir wollten uns dann um 19.30 Uhr in der Bar treffen, wir waren und blieben die Einzigen hier und heute. Das Pilgermenü war gut und ausreichend, wir saßen noch bis 22 Uhr unten, die Nacht war ruhig und der Schlaf erholsam.

Larry

Larry war kräftig, ca. 1,85 m groß, schweigsam und gab in der Regel kurze, knappe Antworten. Er kam aus dem Südwesten der USA, wo er aber außer seiner Jugend nicht viel Zeit verbracht hatte. Außer einer kurzen Zeit in Lateinamerika, wo er für eine Goldminengesellschaft arbeitete, war er fernab seiner Geburtsstätte als Berufssoldat der US Army tätig, lebte in verschiedenen Teilen der USA, aber nie dort, wo er seine Jugend verbracht hatte. Er war ca. 60 Jahre alt und der Jakobsweg war seine letzte Verbindung zur Welt. Er war auf dem Jakobsweg, um die Ereignisse der letzten 2 Jahre zu vergessen. Dass er Berufssoldat war, prägte auch seine Art, den Jakobsweg anzugehen, diszipliniert, auf Kilometer bedacht. Pausen nur wie nötig, ansonsten weiter, der Jakobsweg als Herausforderung für seinen Körper, Disziplin und ein straffes Programm, um seine Erfahrungen aus dem Kopf zu kriegen und nicht noch das Elend der Hoffnung ertragen zu müssen. Das Leben hatte ihm übel mitgespielt die letzten 2 Jahre, seine Frau verstarb, sein geliebter Bruder war gestorben, eine Schwägerin, für jeden Menschen hart, für ihn einfach zuviel. So entschied er sich, in den USA alles zu verkaufen, er gab alles seinen Kindern und hatte von den USA aus schon die Aufnahme in ein Kloster in England fest gebucht, der Termin für seine Anreise stand fest, so dass er auch tatsächlich gegen die Zeit lief. Aber der Jakobsweg hatte für ihn eine Überraschung bereit, er lernte Jackie kennen, verliebte sich in sie, sie auch in ihn, er war wie ausgewechselt, das Leben hatte er wieder gespürt und hielt Einzug in sein Leben. Aber Jackie ging mit der besten Freundin Carol den Jakobsweg, Carol hatte vor 8 Wochen in England eine neue Hüfte bekommen, beide beschlossen, die Zeit zu nutzen und endlich mal den bisher aufgeschobenen Jakobsweg zu gehen. Das Tempo war natürlich sehr unterschiedlich, Jackie wollte trotzdem ihre Freundin Carol weiter begleiten, man tauschte die Handy-Nummern aus und ersatzweise wurde statt des persönlichen Kontaktes der telefonische gewählt. Die ersten Telefonate wurden geführt, dann Stille. In dieser Situation war Larry jetzt, voller Überzeugung, es hätte sich was geändert, sie wolle nichts mehr von ihm. Er hatte es mehrfach versucht, nie ging sie ran, er erhielt gar keinen Anruf mehr ... Noch mehr zu vergessen, noch eher aufstehen, noch schneller und länger laufen, so sah Larry`s Therapie aus. Für ihn bestätigte sich der Eindruck der letzten 2 Jahre, das Leben hielt für ihn nichts Gutes mehr bereit, den Jakobsweg noch zu Ende gehen und dann ab ins Kloster. Und er lief vor seiner Liebe weg. Christine kannte beide Engländerinnen besser als ich, sie hatte sofort einen Draht zu Ihnen, beide waren, wie sie auch Vipassana Meisterin, wir hatten heute früh über Larry geredet, weil ich den Eindruck hatte, er würde, aus welchen Gründen auch immer, den Weg nur laufen, das Ziel wäre Santiago und nicht der Weg dorthin. Sie erzählte mir mehr dann noch etwas zu Larry.

Allerdings könne sie sich nicht vorstellen, dass Jackie nichts mehr von ihm wissen wolle, es müsste andere Gründe haben. Wir verständigten uns dann darauf, dass sie im weiteren Verlaufes des Weges dann weniger weit gehen und auf Jackie und Carol warten solle, damit ggfs. dem Glück nichts mehr im Wege stand. Es klappte dann auch später, die Ursache war banal und simpel, der Akku des Handys war alle und alle Versuche Ersatz zu besorgen schlugen fehl. Wissend um den Stand der Dinge bei Larry nahmen Jackie und Carol dann einen Bus und fuhren weiter auf dem Weg vor, um Larry abzupassen. Es klappte alles wie gedacht, noch vor Santiago sagte Larry das Kloster ab, ist mit Jackie und Carol gemeinsam nach England zurück und lebt jetzt bei Jackie und ist glücklich mit ihr.

22.03. Elfter Tag: ca. 26 KM
Villafranca Montes de Oca – Atapuerca

Larry war bereits weg, als wir gegen 7 Uhr die Herberge verließen und die Tür des Hinterausganges, wie zuvor versprochen, zuzogen, ohne Kaffee und ohne Frühstück ging es dann los. Aber das Wetter spielte mit, wie bisher war es noch etwas kühl, aber der Himmel war wolkenlos und die Sonne gewann an Kraft. Es folgte eine der für mich schönsten Wegstrecken des gesamten Camino. Der Weg ist bis auf einen kurzen Teil zu Beginn sehr schön, leicht hügelig und mit geringen Höhenunterschieden. Da sich die Wegführung wegen einer Vielzahl von Infrastrukturprojekten permanent ändert, sind die Angaben zu den Strecken auch etwas mit Vorsicht zu genießen, ich hatte das Glück, dass nur ganz wenige Teile der Wegführung in der Nähe von Straßen waren, hier wurde der größte Teil durch die bergige Landschaft in Form von Trassen neu angelegt und führt durch eine schöne Landschaft, die An- und Abstiege sind langgezogen und dadurch angenehm zu gehen. In Erwartung von Kaffee und einer Mahlzeit lief es sich leicht bis **Villafranca Montes de Oca**. Hier machten wir eine längere Rast, auch weil bei Christine die Schmerzen wieder zunahmen. Herrlich, draußen in der Sonne sitzen, was zu trinken und zu essen, nichts vor, nichts, an was zu denken ist … Bis zum Kloster **San Juan de Ortega** sind nochmals einige Höhenmeter zu absolvieren, aber alles völlig problemlos zu schaffen. Ich wunderte mich über mich selbst, starker Raucher, bis auf die Vorbereitung kein regelmäßiger Sport, war ich beeindruckt, zu was ein Körper in der Lage ist und wie schnell sich Maßstäbe verschieben, der ganze Weg war weniger ein Problem der Muskeln, Sehnen und Gelenke, es war mehr ein Problem des Kopfes, der viel vorwegnimmt und oft schon in Gedanken am Ziel ist, wo die Beine immer erst noch hin müssen. Die Erfahrung des letzten Stückes mit Carlos, die falschen Angaben zu Zeit und Entfernung nach Los Arcos, so was richtet, wenn man diese Aussagen ernst nimmt, Katastrophen im Kopf an. Die gleiche Erfahrung machten meine Kinder, als wir im Sommer dann den portugiesischen Jakobsweg gingen, entgegen meines Rates, die Auswirkung davon noch vor Augen, konnte ich mich dem Drängen der Kinder nachzufragen, irgendwann nicht mehr entziehen. Obwohl ich daraufhin schon, als ich die Antwort übersetzt hatte, alle Zahlen vergrößert hatte und noch Bedenken geäußert habe, dass es so nah nicht sein könnte … Der Effekt war der Gleiche, das Wort wird für die Tat genommen, der Kopf nimmt es vorweg, es wurde länger und länger, nahm kein Ende. Nach dieser Erfahrung wollte keines meiner Kinder mehr, dass ich nach Zeiten und Entfernungen frage.

In San Juan de Ortega lohnt sich wegen der Kirche des Klosters ein Aufenthalt, allerdings muss man sich auf viel Trubel einstellen, es ist ein beliebter Ausflugs- und Besuchsort gläubiger Spanier und Schulklassen. Die Kirche mit dem Hauptaltar und den Seitenaltären, der Krypta, den Sarkophagen. Man sollte etwas Zeit mitbringen, um sich alles erschließen zu können. Gleichzeitig ist es ein schöner Ort (wenn nicht allzu viel los ist) um eine etwas längere Rast zu machen. Ich habe ein Faible für architektonische Zeitzeugen, Kirchen, Klöster, Klosteranlagen, Burgen, Ruinen, Häuser, Bauernhöfe etc. und bin immer wieder überrascht über Details, sei es der Konstruktion, Ausführung oder der Gestaltung, wie Türen, Fenster, Räume. So erschließe ich mir viele Dinge, ich bin da eher und auch gerne haptisch veranlagt, will anfassen, ansehen, begehen, außen und innen, achte auf Material und Verarbeitung, sehe Altes über noch Älterem. Ich gehe auch gerne mal etwas weiter weg vom Weg, sehe mir Sachen genauer an, oder gehe auch alternative Routen, wenn denn etwas für mich Interessantes lockt. Der ganze Jakobsweg ist auch ein Gang durch die Geschichte, keltisch römisch, romanisch, gotisch, nicht nur bei den bereits bekannten, großen Gebäuden, sondern gerade auch bei den Gebäuden, die angesichts der Tatsache, dass sie sich touristisch, kulturhistorisch nicht so vorzüglich eignen, eher keine oder wenig Aufmerksamkeit finden. Nach dem Abschluss der Besichtigung machte ich eine Rast, in der Bar bekommt man gute Bocadillos, der Kaffee war gut, die Preise etwas teurer als üblich. Christine taten die Füße weh, erste Blasen kündigten sich wieder an, so dass die Rast dann insgesamt etwa 3

Stunden betrug, die aber schnell verging, da neben der Kirche auch weitere Pilger hier Station machten und ein reger Austausch über den Camino stattfand. Der weitere Weg nach **Ages** war auch schön, kam aber nicht an den bisherigen Weg ran. Gegen 16 Uhr kamen wir in **Atapuerca** an, der Garten der Herberge grenzt direkt an den Weg, dort waren bereits einige Bekannte da, es war zwar noch früh, aber Christine musste doch kämpfen, ich hatte viele Leute bemerkt, die ich länger nicht mehr gesehen hatte, so beschlossen wir, hier zu bleiben. Ein Hallo und Willkommen, als wir reingingen. Ein großer Garten mit mehreren Bungalows, schöne und kleine Zimmer, gute sanitäre Anlagen und eine gut eingerichtete Küche (7,- €). Es kam bei mir hinzu, dass ich größere Städte meiden wollte und morgen irgendwo hinter Burgos übernachten wollte. Nach dem Duschen und Waschen der Kleidung waren es noch gute 2 –3 Stunden, die ich im Garten verbringen konnte, bevor ein gemeinsames Abendessen, reichlich Wein und interessante Gespräche den Abend gegen 23 Uhr beendeten. Die beiden Ehepaare, die ich bereits in Pamplona abends getroffen habe, waren auch da, hatten aber wie erwartet nur von Dingen zu berichten, die man im Internet in 15 Minuten erfahren kann, keine persönlichen Erlebnisse. Wie auch, haben sie doch auch nur die Umgebung gewechselt. Beide Ehepaare mehr oder weniger leidenschaftliche Anhänger der katholischen Kirche als Institution. Mit ihnen hatte ich eine längere Diskussion über Inquisition und die Kolonialisierung Lateinamerikas und dass nach über 500 Jahren ja auch mal eine Entschuldigung für die Opfer angebracht wäre, aber das war wohl schon zu weit und wolle genau bedacht und abgewogen werden … Naja … Die Nacht habe ich äußerst unruhig geschlafen, Christine sagte mir dann morgens ich hätte wohl wie am Spieß geschrien und in einer Ihr völlig unbekannten Sprache mit einer tieferen Stimme als sonst geredet hätte. Ich konnte mich am Morgen an nichts erinnern.

23.03. Zwölfter Tag: ca. 32 KM
Villafria de Burgos – Burgos – Villabilla des Burgos – Tardajos

Um 07.30 Uhr saß ich mit Christine bereits am Tisch in der Küche, etwas Brot vom Vortag war noch da und der Kaffee am Morgen tat gut. Gegen 8 Uhr verließen wir die Herberge, wieder mit gutem Wetter bedacht. Der Weg führt hinter dem Dorf auf eine Anhöhe rauf, hier oben auf der Erhöhung ist ein großer keltischer Kreis zu finden, es lohnt sich, den Weg kurz zu verlassen, man hat eine schöne Aussicht auf den weiteren Weg. Der Abstieg ist steiler als der Anstieg, der Weg über **Villaval** ist angenehm und schön, einige kurze Teile führen auf oder neben kleinen Straßen entlang, dann aber, je nach Strecke in Höhe von **Villafria de Burgos** folgt der mit Abstand hässlichste Teil des gesamten Camino, vorbei, an und unter der Autobahn, am Regionalflugplatz vorbei, über Eisenbahntrassen, einem ausgedehnten Weg (ca. 4 –5 KM) durch ein Industrie-und Gewerbegebiet mit breiten Straßen und viel Verkehr, Lärm und Abgasen durch die Vorstädte von **Burgos** ins alte Zentrum. Im Alltag fällt uns diese Tatsache eher nicht so auf, oft im Auto sitzend, mit einem anderen Tempo unterwegs, beschäftigt mit anderen Dingen: aber hier, nach Strecken, bei denen man die Natur nur mit anderen Pilgern teilt, fällt es besonders auf, die Eintönigkeit der Streckenführung, der Lärm, der Gestank, das triste Grau der Industriegebiete, hier führt alles nur zu einem Gedanken: schneller gehen, um so bald wie möglich so weit weg wie möglich zu sein. Auch Christine ging es bedingt durch ihre Blasen und der total öden Strecke nicht gut, sie wurde zunehmend misslauniger, haderte, schimpfte. Einem Teil davon konnte ich mich auch nicht entziehen, alles hier um uns herum ging aufs Gemüt und löste eine innere Angespanntheit aus. Es war mittags und um der schlechten Laune etwas entgegenzusetzen, nutzten wir die Annehmlichkeiten einer großen Stadt, brachten etwas Abwechslung in unseren Speiseplan und gingen in ein chinesisches Restaurant. Das Essen war gut, die Laune wurde besser, danach wollten wir noch in ein Sportgeschäft und für Christine neue Sportsocken kaufen, meiner Meinung nach waren ihre Wollsocken die Grundlage des Übels. In der Stadt fanden wir einen Laden, der zwar geschlossen war, aber der Besitzer war noch da, sah uns vor der Tür und öffnete uns. Ich sprach mit ihm, er guckte sich Christines Socken an, kam zum gleichen Ergebnis wie ich und machte uns am Ende noch einen guten Preis für 3 Paare Sportsocken. Nach dem Wechsel der Socken ging es Christin zunehmend besser, sie hatte wie ich die Nase voll von Burgos, der großen Stadt, und wollte nur noch weg von hier. Der Weg durch die Altstadt ist schön, besonders der Bereich um die Kathedrale, aber Bau- und Restaurierungsarbeiten, verbunden mit viel Krach und Staub, trieben uns schnell weiter, wir deckten uns noch mit viel Teilchen ein, füllten unser Wasser auf und gingen weiter. Die Vorstadt stadtauswärts war nicht so schlimm wie stadteinwärts, aber auch nicht schön. Am Stadtausgang wird es ruhiger und bis nach **Villabilla de Burgos** wird man abseits der Nationalstraße vorbei an einem Naherholungszentrum immer in Nähe der Eisenbahn geführt, nicht schön, aber erträglich. Der letzte Teil des Weges bis nach **Tardajos** ist vergleichbar, nur dass nach einem kurzen Stück wieder die Nationalstraße und auch teilweise die Autobahn ständiger Begleiter sind.

In Tardajos gibt es eine kleine Gemeindeherberge auf Spendenbasis mit sehr herzlichen Herbergseltern. Kleine nette Zimmer, gute Sanitäranlagen und einer Küche. Nach dem Beziehen des Schlafraumes folgte das Waschen der Kleidung, duschen und danach ein kurzer Gang durch Tardajos, der auch zum Einkaufen des Abendessens diente. Christine war erschöpft, sie schlief schon um 20 Uhr, ich nutzte die Zeit, um mein Tagebuch weiter zu schreiben und mit den drei noch nach uns eingetroffenen Pilgern zu reden und bin gegen 22.30 Uhr dann auch ins Bett gegangen und habe herrlich schlafen können.

24.03. Vierzehnter Tag: ca. 28 KM
Rabe de las Calzadas – Hormaza – San Bol – Hontanas

Obwohl wir wieder früh aufgestanden sind, Christine und ihren Füßen ging es merklich besser, blieben wir doch recht lange in der Küche sitzen, die Freundlichkeit der Herbergseltern, das gute Frühstück mit verschiedenem Brot, Toast, Marmelade, Honig, Orangensaft und Kaffee ließ uns länger verweilen, gegen 08.30 Uhr kamen wir los. Die Strecke über **Rabe de las Calzadas** weiter nach **Hornillos del Camino** ist schön, führt auf breiten Wegen durch die Natur. Wir waren seit Beginn heute mit Mitpilgern, drei Studenten aus Deutschland, unterwegs. Zwei von Ihnen studierten in Barcelona, eine Studentin hatten sie später kennengelernt und sie gingen fortan zu dritt weiter. Die ursprüngliche, alte, eigentliche Strecke war wegen Infrastrukturprojekten umgeleitet worden, nun kam noch eine weitere Umleitung hinzu, so dass ich mich entschloss, einfach meiner Inspiration folgend quer Beet dem meiner Meinung nach ursprünglichen Weg zu gehen. Bauarbeiter unterwegs versuchten immer wieder, mich auf die Umleitung zu führen, aber ich wollte meinem Gefühl folgen. Die Mitpilger entschlossen sich ebenfalls mit mir zu gehen, so hatten wir einen wunderschönen Weg auf alten Schafs- und Maultierwegen durch die wieder bergigere Landschaft mit einer Orientierung an der Sonne, vielen Entscheidungen zwischendurch, denn die Wege kreuzten und gabelten sich im weiteren Verlauf recht häufig. Ich hatte, ehrlich gesagt, nicht die geringste Ahnung, wo wir landen würden, auch keine Ahnung, ob ich meinem Gefühl nun tatsächlich trauen konnte, aber der Weg durch die ungestörte Natur war schön, tat gut nach der Burgos Erfahrung, aber er war auch anstrengend. Die Pfade durch die bergige Landschaft waren sehr schmal und stellenweise sehr steil. Gegen Mittag gab es dann einen Lichtblick, **Hormaza**, wie wir später dem Ortsschild entnehmen konnten tauchte auf, wo eine alte Burgruine zur Erkundung und Rast einlud. Ich war froh, so entschieden zu haben, es gab viel zu entdecken, ursprünglich gab es hier wohl mal einen kleinen, sehr alten Teil mit romanischen

Torbögen und einigen kleinen Gebäuden, die dann später von einer Festung umbaut wurden. Die leider verschlossene Kirche am anderen Ende des Dorfes hatte ein wunderschönes romanisches Portal und wäre mit Sicherheit ein Grund für eine Besichtigung des Inneren gewesen. Jemand im Dorf wies uns die Richtung, um wieder auf den Hauptweg zu kommen, der Umweg hielt sich in Grenzen, ca. 6 – 8 KM, hatte sich aber auf jeden Fall gelohnt.

Es folgte ein wunderschöner Weg zur Hochebene, am Anfang auf kleinen Straßen ohne jeglichen Verkehr, hinterher auf Wegen zum Hochplateau und weiter nach **San Bol**. Auf dem Hochplateau war ein starker Nordwind mit kühler Luft, so war es angenehm zu gehen, die Sonne schien und Wolken waren keine zu sehen. Auf der Hochebene luden Heuquader zum Rasten und Liegen in der Sonne ein, eine Möglichkeit, die ich mit Christine nutzte, die anderen zogen weiter. Christine zog es nach San Bol, das etwas abseits des Weges lag, ich war auch interessiert, so ging ich mit. Christine blieb dort, ich ließ meine Sachen da und sah mir die Ruinen eines ehemaligen Klosters und Hospitals an. Ich ging danach wieder zurück und wurde durch San Bol geführt und erhielt Erklärungen zu diesem Ort von dem Hospitalero dort, der zufällig da war und mit der Instandsetzung eines Mauerwerks beschäftigt war. Er unterbrach die Arbeit, bot Wasser von der Quelle an. Der Hospitalero hatte einiges über San Bol zu erzählen, sein Vater war hier schon Hospitalero gewesen, er selbst war den Camino mehrfach gegangen und ist hier hängen geblieben und kümmert sich um den Ort. Die Verständigung war kein Problem, er sprach 7 Sprachen fließend. Nach etwas über 2 Stunden Rast und einigen Kaffee, zogen wir weiter, Christine war etwas schwankend, ob sie nicht doch noch hier bleiben sollte, der Ort sprach sie an, es gab ein Gebäude mit Meditationsraum, der allerdings gerade renoviert wurde. Allerdings hatte dieser Ort etwas Schönes und auch Magisches, und mit Geschichte, manche spüren hier eine besondere Energie. Die Quelle und wieder ein Steinzirkel in der Nähe, die Ruhe und das Spüren des Windes hier, machten es zu einer schönen Erfahrung. Auf der Hochebene war es ein angenehmes Gehen, trotz des heftigen und kalten Windes, aber die Sonne schien unermüdlich und mit großer Kraft. Der teilweise sehr steile Abstieg nach **Hontanas** beendete die Zeit auf der Mesa, der Hochebene. Auch dieser Teil des Weges war abseits der Straße. In der Pilgerherberge der Gemeinde, einem alten Haus direkt bei der Kirche und dem Dorfplatz, alles neu restauriert, war es prima, es gab noch freie Plätze (5,-€), ein großer Aufenthaltsraum mit Kochmöglichkeit war im Erdgeschoss. Als dann alles Notwendige erledigt war, kam der Hospitalero von San Bol noch vorbei und informierte Christine, dass Jackie und Carol in Castrojerez seien und dort auf sie warten würden. Er hätte eben vergessen, ihr diese Nachricht zukommen zu lassen, könne ihr aber anbieten, sie mit dem Moped dahin zu bringen. Sie überlegte nicht lange, packte ihre Sachen wieder ein, verabschiedete sich und ich sagte ihr, ich würde morgen bei ihr vorbeischauen, ich wollte eh ganz früh raus, um San Anton, eine berühmte Klosterruine und das ehemals größte Pilgerhospital bei Sonnenaufgang zu erleben. Ich setzte mich, nachdem ich mir etwas für das Frühstück gekauft und Eier für morgen früh gekocht hatte, nach draußen in die Sonne und schrieb mein Tagebuch weiter. Paul aus Irland war da, Emily und einige andere Pilger auch, so dass wir gemeinsam das Pilgermenü in einer Bar in unmittelbarer Nähe der Herberge gegessen haben, Wein getrunken und wieder viel erzählt haben. Obwohl ich früh raus wollte, ist es doch wieder 22.30 Uhr geworden ehe ich im Bett lag.

25.03. Fünfzehnter Tag: ca. 29 KM
San Anton – Castrojerez – Itero de la Vega – Boadilla del Camino

Ich hatte mir den Wecker gestellt, wollte bei Sonnenaufgang beim Kloster **San Anton** sein. Um 05.15 Uhr aufgestanden, die Stirnlampe aufgesetzt, Morgentoilette, zusammenpacken, runter in den Aufenthaltsraum mit kleiner Küche, Kaffee und Eier gekocht, zwischendurch mal die Herberge verlassen, um zu sehen, wie das Wetter ist. Es war noch sehr kalt als ich um 6 Uhr mit der Stirnlampe auf dem Kopf aufbrach. Der kurze Weg durch

Hontanas, ein kleines Stück Straße und dann oberhalb der kleinen Straße entlang, hier wurde es durch den Wind so kalt, dass ich einen zusätzlichen Fleecepulli anzog und zum ersten Mal Handschuhe, die Jackentaschen reichten nicht zum Wärmen der Hände, Mütze und Schal folgten noch. Selbst bei einem Foto einer Turmruine kurz vor Sonnenaufgang habe ich vor lauter Kälte die Aufnahme verwackelt. Bis kurz vor San Anton, wo es wieder vermehrt in unmittelbarer Nähe der Straße weiterging, blieb es immer noch, trotz wärmerer Sachen und der Bewegung, merklich kalt. Mein Stelldichein in San Anton hatte ich mir anders vorgestellt... Kalt kam ich an den imposanten Ruinen und einigen noch intakten Gebäudeteilen am Kloster an. Die besten Zeiten waren hier unwiderruflich vorbei, aber für eine Besichtigung und Fotos der zugänglichen Teile reichte es. Neben der Tatsache, dass Gebäudeteile gesperrt oder nicht zugänglich waren, sorgte die Kälte dafür, dass ich nicht allzu lange blieb, genau so lange, bis ich für mich einen Eindruck von den Ausmaßen des ehemaligen Klosters und Hospitals bekommen hatte. In der Ferne lockte nach mehreren Kurven entlang der Landstraße **Castrojerez** mit einem sehr alten Kloster linker Hand kurz vor Castrojerez und der weithin sichtbaren Burg oberhalb von Castrojerez auf dem Berg. Bevor man weiter nach Castrojerez reingeht, liegt rechter Hand am Ortseingang noch eine sehr alte Kirche mit Anbauten, trotz der Kälte schaute ich sie mir an und erkundete die unmittelbaren Gebäude. Hier konnte ich sehr alte Teile von Castrojerez sehen, Bauweise, verwendete Materialien, Größe der Häuser, Umfriedungen, Straßen und Wege. Zufällig gefunden, aber sehr sehens- und empfehlenswert, ist entlang des Camino ein Aufenthalt in der „La Taverna" ein paar hundert Meter weg von der obigen Kirche. Dort war um 09.15 Uhr schon auf, der Wirt sehr nett und zuvorkommend, überall an Decke hingen Geldscheine aus aller Herren Länder, ich schätze es waren ein paar Hundert. Jeder Pilger, der dort da war, schaute überblicksweise nach, ob ein kleiner Schein seiner Nation präsent war, war er es nicht, kam ein neuer dazu. Die Atmosphäre war nett, auch der Wirt war den Camino schon mehrfach gegangen, Harpe Kerkeling und Paulo Coelho haben sich im Gästebuch verewigt. Die Zeit verging schnell beim Erzählen, zu den 3 Kaffee bekam ich jeweils Teilchen spendiert, dann kam ein altes Ärztepaar (60-70 Jahre alt) aus Mexico, das ich zuvor schon mehrfach getroffen hatte, und die seit mehreren Jahren immer wieder den Camino gehen. Sie frühstückten dort, kannten den Wirt sehr gut von den vorherigen Caminos. Ich verließ dann kurz nach 10 Uhr aufgewärmt und mit den besten Wünschen versehen die gastliche Stätte und ging weiter in Richtung Zentrum, um zu sehen, ob ich Christine treffen würde. Ich hatte Glück, Christine, Jackie und Carol frühstückten auf dem Balkon ihrer Herberge. Sie wollten noch zum Arzt, wir wollten uns dann später in Boadilla del Camino treffen. Der Weg durch Castrojerez ist angenehm, außerhalb davon ist man zu Anfang in der Nähe großer Straßen, später dann geht es auf breiteren Feldwegen weiter nach **Otero Largo**, die Berghöhe, die man fast ohne Serpentinen hochgeht, immer rückwärtig in Sichtweite Castrojerez. Der Weg hoch zieht sich etwas, ist aber nicht so steil. Oben dann entschädigt bei der Rastmöglichkeit auf der Spitze der Blick auf den Weg zurück und vor in Form einer weiten Fläche des Plateaus. Ich hatte Zeit, machte eine Rast, genoss das schöne Wetter. Etwas später kam dann Bernhard, den ich ja schon in Pamplona in der Casa Paderborn und auch immer wieder unterwegs getroffen habe. Ich bewunderte ihn, weil er mit 67 Jahren mit seinem Trolly als Alleinstellungsmerkmal ohne Murren den Camino ging, ich hätte nicht mit ihm tauschen wollen. Oben auf dem Plateau gab es wieder ein bisschen Wind, aber durch die Sonne war es angenehm, am Ende des Plateaus konnte man schon Boadilla del Camino sehen und auch das noch weiter wegliegende Fromista. Davor liegt aber noch ein streckenweise ganz steiler Abstieg mit steilen Kehren, vielem Geröll und Steinen. Der Abstieg ist beschwerlich, etliche Pilger sind auf diesem Teil umgeknickt, gestürzt oder haben Sehnen und Muskeln überanstrengt. Auch ich bin nicht unverletzt heruntergekommen, das linke Bein unterhalb des Knies schmerzte und der verlorengeglaubte sehr stechende Schmerz meldete sich wieder zurück.

Nach dem Verlassen der Ebene und dem Abstieg geht es deutlich einfacher nach **Boadilla del Camino** weiter, im Ort gibt es direkt die kommunale Herberge, aber durch Gespräche wusste ich, dass die Herberge etwas weiter ungemein reizvoller war. Gegen 16 Uhr war ich da, in der Albergue del Camino, ein schöner Ort mit Innenhof, Pool, schönen Zimmern mit nicht zu vielen Betten, gute Sanitäranlagen, Kaminzimmer, nette Herbergseltern. Alles für 7,50 € inklusive Frühstück. Nach der obligatorischen Wäsche der Sachen, einer Dusche, lockte der Innenhof zum Verweilen in der Sonne, mittlerweile waren viele bekannte Gesichter erschienen, Paul, Emily, Bernhard, Christin, Jackie, Carol, das schweizer und deutsche ältere Ehepaar. Die Herbergseltern bieten hier ein sehr hervorragendes Pilgermenü an, nehmen Rücksicht auf Vegetarier und Veganer, zu dem ohnehin reichlichen Menü gibt es zu jedem Gang mehrere Alternativen, der Wein ist sehr gut, die Atmosphäre des Esszimmers sehr schön, gegen 22 Uhr war ich noch für eine halbe Stunde im Kaminzimmer, durch den angemachten Kamin war es eine schöne, wohlige Atmosphäre um dem Tagebuch noch etwas anzuvertrauen und dann den Tag zu beenden. Die Wärme des Kamins tat nach dem sehr kalten frühen Morgen gut und sorgte auch für die entsprechende Müdigkeit.

26.03. Sechzehnter Tag: ca. 27 KM
Fromista - Villacazar de Sirga – Carrión de los Condes

Nach einem sehr ausgiebigem Frühstück und noch einem sehr langen Gespräch mit der Besitzerin der Herberge und ihrem Sohn machte ich mich gegen 08.30 Uhr auf den Weg, der zunächst über Feldwege und später dann parallel zum **Canal de Castilla**. Auf dem Weg nach **Fromista** holte ich dann Christine, Carol und Jacky ein, wir gingen dann gemeinsam weiter, begleitet von interessanten Gesprächen waren wir schnell in Fromista. Hier machten wir eine Rast, unterhielten uns etwas, ich besorgte Carol, die wegen Ihrer Hüfte nur 10 – 15 KM täglich ging, Jackie, Christine und 4 weiteren Pilgern ein Großraumtaxi. Es fuhren nur 2 Busse täglich, der erste war bereits weg, der zweite um 21 Uhr war zu spät. Nach der Verabschiedung machte ich mich auf den Weg und versorgte mich noch mit frischem Brot und einigen Teilchen. Das Wetter war wieder sonnig und es war angenehm warm. Mein Tempo war nicht wie gewohnt, das linke Schienenbein tat wieder weh. Von Fromista aus führte der Weg fast ausschließlich parallel zur Landstraße, lediglich eine Alternativroute führt für ca. 4 KM über **Villovieco** abseits der Straße. Weiter geht's dann wieder parallel der Straße über **Villacazar de Sirga** nach **Carrión de los Condes**. Obwohl die Strecke nicht so viel befahren ist, ist die Strecke recht langweilig und bietet wenig Abwechslung, die Kilometer zogen sich hin, auch wegen der Schmerzen im linken Bein. Gegen 17.30 Uhr kam ich in meiner ausgewählten Herberge in dem Colegio del Espiritu Santo an, hier verrichten Nonnen des Klosters die Pilgerbetreuung, eine der Nonnen sprach sehr gut deutsch, sie kam aus Ungarn, war Lehrerin für Deutsch und Spanisch gewesen, nach ihrem Pilgerweg wurde sie Nonne und trat dem Kloster bei. Sie hatte auch Paulo Cuelho kennengelernt und begleitete ihn auf seiner zweiten Reise entlang des Jakobsweges. In dieser Herberge wurde nebenan in der Kirche täglich eine Messe angeboten, danach findet für Interessierte eine Gesprächsrunde in der Herberge statt. Die Herberge ist gut und sauber, die Küche lädt zum Kochen ein. Die Kirche ist sehenswert. Die Messe war auch von den Ortsbewohnern gut besucht, viele Pilger fanden ebenfalls den Weg hierhin. In der Kirche selbst gibt es viele Details zu besichtigen, die sich lohnen, der Pfarrer nahm sich nach der Messe noch ein wenig Zeit, einiges dazu zu erklären. Im Anschluss der Messe bin ich noch einkaufen gewesen, um etwas zu kochen. Ich wählte die Herbergen nach 2 Gesichtspunkten aus, dem Preis und der Möglichkeit, selbst etwas zu kochen. Die bisher häufigen Pilgermenü`s hatten dazu geführt, dass ich bereits jetzt deutlich mehr ausgegeben hatte als geplant. Nach den Einkäufen traf Paul ein, etwas später noch weitere Pilger aus Deutschland, Studenten, die die Semesterferien für den Camino nutzten. Wieder wurde abends gemeinsam gekocht, der Abend wurde lang, aber durch viel Erzählen und Rotwein verging er schnell.

27.03. Siebzehnter Tag: ca. 35 KM
Ledigos – Terradillos de los Templarios – Moratinos

Um 08.20 Uhr ging es nach einigen Kaffee weiter, in **Carrión de los Condes** gab es schon Bäckereien, die geöffnet waren, so konnte es mit Teilchen und Brot verstärkt weitergehen. Der Weg raus ist angenehm zu gehen, dann geht es weiter auf breiteren Feldwegen, die Autobahn kommt erst nach ca. 5 KM in Sichtweite ohne störend zu sein. Erneut kommen breite Feldwege, nach weiteren 5 bis 6 KM lädt ein Rastplatz in der flachen Umgebung zum Verweilen ein. Hier traf ich Rebecca und Kim, die den Rastplatz säuberten und mit denen ich dann ins Gespräch kam. Rebecca hatte ein Haus in Moratinos, das Pilgern gegen Spende offen steht, Kim kam aus Florida und ist einer der Vielen, die dann einige Zeit ihres Lebens in der Nähe des Pilgerweges lebten und etwas zur Pflege des Camino tun. Rebecca und Kim luden mich ein, der Kühlschrank sei voll und wenn es sich ergeben sollte, ich sei willkommen. Rebecca hatte sich nach mehrmaligen Caminos in Moratinos ein Haus gekauft und lebt seitdem mit Ihrem Mann Pardy dort, er war Journalist, schrieb für verschiedene Journale Berichte und Reportagen, die er von dort aus vorbereitete. Das war eine schöne Perspektive, aber erst mal ging es nach einer halbstündigen Rast weiter in Richtung **Calzadilla de la Cueza**, landschaftlich nicht so schön, etwas weiter weg von der Autobahn, ohne Straßenberührung. In Calzadilla machten wir eine Rast, zu viert teilten wir uns 2 Pilgermenüs, es war gut und es gab Wein für 4 Pilgermenüs. Ich trank nur ein Glas, Dominik, einer der 2 Studenten trank mit seinem Mitpilger reichlich, zu reichlich, wie sich später herausstellen sollte. Nach einer Stunde ging es weiter, das eigentliche Ziel sollte Sahagún sein, mit einem Abstecher in Moratinos. Der Weg von Calzadilla aus verlief auf und neben der Nationalstraße, nicht so schön. In **Ledigos** machten wir eine kleine Pause, Dominik hatte Kreislaufprobleme, sein Magen machte Probleme, ihm war richtig schlecht. So ging es langsamer weiter, mein linkes Bein machte auch wieder mit Schmerzen auf sich aufmerksam. Nach einigen Kilometern folgte **Terradillos de los Templarios**, hier wurde die Wegführung uneinheitlich, nach einem Umweg von ca. 3 KM erreichten wir schließlich **Moratinos**, wo wir eine Rast machten. Dominik ging es gar nicht gut, Rebecca machte mit ihm ein paar Qi Gong Übungen, aber es wurde nicht besser, so dass sie Paul und den Mitpilger von Dominik mit dem Auto in die Herberge nach Sahagún brachte, wir verabredeten uns dann für vormittags in Sahagún. Dominik blieb in Moratinos und legte sich unmittelbar nach ein paar Tee´s ins Bett im Gästezimmer. Ab und zu schaute ich nach ihm, es ging Ihm zunehmend besser, etwas später war er dann eingeschlafen. Ich unterhielt mich noch lange mit Kim und auch Rebecca, dann noch mit Kim intensiver. Rebecca machte mir ein Quartier im Wohnzimmer auf der Couch fertig bevor sie sich schlafen legte. Ich ging mit Kim und etwas Rotwein noch in den Hof, wo sie mir noch einiges über sich erzählte. Sie hatte eine Beziehung mit Enttäuschungen hinter sich, löste in Florida ihren Hausrat auf und wollte eine Zeit in Europa verbringen. In Frankreich hörte sie vom Jakobsweg und beschloss ihn zu gehen. Er tat ihr gut, auf dem Weg nach Santiago hatte sie Rebecca getroffen, hatte bei ihr Halt eingelegt. In Santiago während der Pilgermesse riss ihre Perlenkette, die Perlen verteilten sich auf dem Boden, nach der Messe hob sie die Perlen auf, die sie noch finden konnte, deutete dies als ein Zeichen, ging zurück zu Rebecca, half dort und auch dabei, einen Teil des Jakobsweges sauber zu halten und zu pflegen. Sie wusste noch nicht, wie lange sie bleiben würde, der richtige Moment würde sich zeigen. Sie fühlte sich wohl dort und stellte an sich fest, dass der Abstand zum „normalen" Leben immer größer wurde, ein Zurück immer unwahrscheinlicher wurde und etwas Neues an die Stelle des alten Lebens treten werde. Zum Abschied gab sie mir eine der noch gefundenen Perlen als Glücksbringer für den weiteren Weg und als Erinnerung.

28.03. Achtzehnter Tag: ca. 31 KM
Sahagún – Bercianos del real Camino - El Burgo Ranero

Als ich gegen 6 Uhr aufwachte, war Pardy schon in der Küche, die sich ans Wohnzimmer anschloss und recherchierte für einen Bericht im Internet. Ich wusch mich, zog mich an und während einiger Tassen Kaffee und ein paar Scheiben Toast unterhielten wir uns. Er war Ire und sah zu, dass er soviel Zeit wie möglich mit Rebecca verbrachte, immer wieder unterbrochen von Reisen. Zwischendurch schaute ich noch nach Dominik, dem es gut ging. Rebecca kam dazu und fragte mich, ob ich mit nach Sahagún fahren wolle, sie würde Dominik dorthin bringen. Da ich ja jeden Meter des Jakobsweges gehen wollte, lehnte ich ab und verließ, nachdem ich eine Spende gemacht hatte, gegen 09 Uhr das Haus. Es war merklich kühl und windig, der Weg entlang der Nationalstraße und die Autobahn in Sichtweite nicht schön. In **Sahagún** war Markttag, eine gute Gelegenheit, sich mit Obst, Brot und Gebäck zu versorgen und auf Paul zu warten, den ich am Marktplatz treffen wollte, um die nächste Etappe mit ihm gemeinsam zu gehen. Sahagún ist eine nette kleine Stadt mit alten Gebäuden rings um den Marktplatz, der im alten Zentrum liegt. Hier, in einer der vielen Bars habe ich noch eine Kleinigkeit gegessen Kaffee getrunken, bevor ich mit Paul weiterging , als wir uns von Dominik und seinem Mitpilger am Bahnhof verabschiedeten, sie wollten mit dem Zug nach Leon weiter, sie hatten nicht mehr genug Zeit, um es zu Fuß noch bis Santiago zu schaffen. In **Bercianos del real Camino** machten wir eine Rast, der Weg hierher geht zunächst durch Sahagún, dann entlang der Straße, teilweise in Sicht der Autobahn, um dann etwas weiter weg von der Autobahn durch die Landschaft weiterzuführen. Auch der weitere Weg bis **El Burgo Ranero** führte entlang kleiner Straßen, Unterqueren der Autobahn, bis dorthin, allerdings gibt es zwischendurch schöne Teilstrecken. Mein linkes Bein schmerzte wieder, der Weg zog sich, so dass ich beschloss, nicht weiter zu gehen, sondern hier in der Gemeindeherberge zu bleiben, es war 18 Uhr und ich war doch etwas geschafft. Der

Pilgervater führte ein strenges Regiment, aber es gab eine Küche, wo ich nach dem Einkaufen Amelia und Crissy aus Deutschland und einige Pilger aus Japan und Korea wiedertraf, zudem noch eine Gruppe von 4 Frauen aus Australien, die trotz einiger Blasen und Kniegelenksschmerzen gut drauf waren und viel erzählten. Ich kochte mit Crissy und Amelia, der Rest besorgte den Wein, so wurde es ein schöner und langer Abend, der erst gegen Mitternacht sein Ende fand, und das, obwohl der Herbergsvater unmissverständlich deutlich gemacht hatte, dass er uns um 6.30 Uhr wecken werde und wir bis kurz nach 7 Uhr die Herberge verlassen müssten. Einige Pilger aus Japan und Korea sprachen lediglich zwei oder drei Worte englisch, sonst keine andere Sprache, das machte die Kommunikation nicht einfach, um so bewundernswerter, den Camino so zu gehen, ein Herbergs- und Entfernungsverzeichnis, einen Hinflug und einen Termin für den Rückflug, dazwischen der Jakobsweg. Meist lernten sich die Pilger erst auf dem Weg kennen und je nach Sympathie gingen dann mehr oder weniger viele Etappen gemeinsam weiter.

29.03. Neunzehnter Tag: ca. 20 KM
Arroyo de Valdearcos – Reliegos – Mansilla de las Mulas

Trotz der langen Nacht ging es früh raus, der Herbergsvater sorgte für ein zeitiges Wecken, 2-3 Kaffee auf die Schnelle waren noch drin, dann ging es um 8 Uhr weiter. Es war noch kühl, aber nach einiger Zeit ließ sich die Sonne blicken. Die Strecke nach **Reliegos** führt auf kleineren Feldwegen, es lässt sich angenehm gehen, und da wir nach und nach mit allen Pilgern des Vorabends Kontakt hatten, ergaben sich die unterschiedlichsten Gruppen, die die Gespräche des Vorabends für einen Teil des Weges fortsetzten. In Reliegos trafen wir den Rest, bei einer leichten Kleinigkeit zu essen und einer längeren Rast ging es dann auf kleinen, schönen Wegen weiter nach **Mansilla de las Mulas** zur Gemeindeherberge mit einem wunderschönen Patio, der von Wolf, einem Hospitalero aus Deutschland, der Physiotherapeut ist und hier auch mehr oder weniger alle

Gebrechen des Weges versorgen und behandeln kann. Ein sehr netter Mensch, der den Camino auch schon mehrfach gegangen ist, die Herberge ist schön und sehr persönlich gehalten, es gibt eine kleine Bibliothek für Pilger, die doch länger hier verweilen müssen. Bereits um 14.15 Uhr traf ich ein, ich beschloss den Tag hier in der Sonne im Patio zu beenden, Wäsche zu waschen, Tagebuch zu schreiben, zu duschen und mit Mitpilgern zu reden. Die kurz gehaltene Strecke und die längere Zeit für mich taten mir gut, es ging, so stellte ich an mir fest, jetzt weniger um die Kilometer, eher darum, jeden Tag nur zu gehen und mit sich und den eigenen Befindlichkeiten und Eindrücken klarzukommen und Erlebtes zu verarbeiten. Über den Tag hinweg und auch abends ist es zumeist kurzweilig, weil viel aufgenommen wird, mit allen Sinnen gleichermaßen. Es muss aber auch sortiert und strukturiert werden, so sind ab und zu Phasen wie diese, wo nichts auf dem Programm steht, nichts zu tun ist, willkommen und nötig. Mittlerweile trafen weitere Pilger ein, es wurde eine lustige Truppe, für Viele war es auch eine Art Bergfest, etwas mehr als die Hälfte des Jakobsweges war geschafft oder hatte sie geschafft. Der Alltag war so gut wie nicht mehr vorhanden, das normale, gewohnte Leben war nur noch, wenn überhaupt, rudimentär vorhanden, der Jakobsweg war jetzt das Präsente, der das Geschehen und die Erlebnisse bestimmte und für die Erfahrungen mit sich und Anderen bestimmte. Es fand, für die Meisten auch, eine Besinnung auf das Wesentliche statt, eine Erkenntnis, wie wenig man doch wirklich braucht und wie viel von dem, was man hat, nicht wirklich wichtig ist. Mit sich selbst im Reinen sein und die kleinen Momente genießen zu können. Am Abend folgten wir der Empfehlung von Wolf und eine lustige Truppe verbrachte den Abend mit einem Pilgermenü im benachbarten Restaurant. Es war sehr gut und ist zu empfehlen, die Deutschen und auch die Australierinnen waren mit dabei und der Abend endete wieder spät. Die vier Australierinnen waren Studentinnen auf Europatour, hatten bereits einiges gemeinsam erlebt und wollten auch innerhalb der Europatour den Jakobsweg gehen. Trotz einiger Blessuren gingen sie tapfer weiter, größere Tagestouren waren nichts Ungewöhnliches für sie. Das Faszinierende an ihnen war die ewig gute Laune und der Spaß, für den sie selbst während des Jakobsweges sorgten. Nur wenn es zwischendurch mal ganz hart war, schimpften sie ein wenig, um dann wieder mit einer blöden Bemerkung wieder zu grinsen oder laut zu lachen, sie machten den Weg im Team, nur manchmal war die Gelegenheit, sich einzeln mit jemandem von ihnen zu unterhalten. Abends wurde es sehr kühl, das hieß, auch morgen früh würde es sehr kühl sein.

30.03. Zwanzigster Tag: ca. 21 KM
Puente Villarente – Arcahueja – Leon

Im Unterschied zur vorigen Herberge führte Wolf kein eisernes Regiment, so dass ich erst nach meinen obligatorischen Kaffees und einem längeren Gespräch mit Wolf gemeinsam mit Paul gegen 09.45 Uhr aufbrach. Trotz des relativ späten Aufbruchs war es immer noch sehr kühl, aber wieder sollte es nicht so lange dauern, bis die Sonne wieder beim Gehen wärmte. Der Weg aus Mansilla raus ist angenehm, über die Brücke auch, es folgen bis auf kurze Unterbrechungen, angenehme Wege neben der Nationalstrasse bis **Puente Villarente.** Von dort aus mit immer mehr Abstand zur Nationalstraße weiter nach **Arcahueja.** Bis zur **Puente Castro** verläuft der Camino mehr oder weniger entlang der Straße, ab dann geht es durch Vororte und teilweise kurz vorher auf kleineren Wegen abseits der größeren Straßen. Wir kamen gegen 18.30 Uhr in Leon in der Klosterherberge an, kurz noch die Betten beziehen, duschen, bekannte Gesichter grüßen und dann wieder raus, um noch etwas von Leon zu sehen und was zu essen. Bis spätestens 21.45 Uhr mussten wir zurück sein, ansonsten ist kein Einlass mehr. Auch hier war das Reglement streng, im Unterschied zu dem gelösten, entspannten Wolf wirkten die Nonnen und die Atmosphäre der Herberge angespannt, von klaren Ansagen und Regeln bestimmt. Auch dadurch, dass nachts das Tor der Herberge von außen verschlossen wurde, eine feste Zeit des Weckens existierte, das Frühstück nur in einem sehr engen Zeitfenster (7 – 7.30 Uhr) möglich war und auch das Tor erst ab 6.30 Uhr erst wieder geöffnet wurde.

Mit den Deutschen und Australierinnen hatten wir einen schönen Abend, in der Herberge war dann auch Bernhard da, der noch seinen Wein mit mir teilte. Es war ungewohnt kalt am Abend, noch kälter als gestern schon. Gegen 22.30 Uhr ging es dann zum Schlafen, die Herberge erinnerte eher an eine Massenunterkunft wie einige vorher auch, aber es reichte, man muss ja hier nicht wohnen... Die Nacht war unruhig für mich, ich konnte schlecht schlafen, wachte gegen 3 Uhr zum ersten Mal auf, dann wieder um 5 Uhr, stand dann auch auf, duschte mich, zog mich an, setzte mich in den Frühstückraum und schrieb mein Tagebuch weiter. Zwischendurch ging ich in den Innenhof, um eine Zigarette zu rauchen, es war lausig kalt, ich legte mir dann noch wärmere Sachen raus, auch Mütze, Schal und Handschuhe.

31.03. Einundzwanzigster Tag: ca. 24 KM
Virgen del Camino – San Martin del Camino

Das Frühstück mit Kaffee, Tee, Milch, Säfte, Keksen, Brot und Marmelade war zwar kein Highlight, aber gab eine Grundlage für den Beginn des Tages. Paul brauchte wieder länger, ich wartete im Vorraum auf ihn. Es war lausig kalt, ich holte Mütze und Handschuhe raus. Paul hatte keine Handschuhe mit, ihm war es so kalt (minus 5 Grad, wie an einer Apotheke zu lesen war), dass er nicht weiter gehen wollte. Wir fanden ein Cafe, das bereits geöffnet hatte, überbrückten die Zeit mit Unterhalten, Kaffee und Churros. Ich wollte weiter, verstand aber auch Paul, es war wirklich sehr kalt, er wollte sich noch Handschuhe besorgen. Ich erkundigte mich im Cafe, ob und wo auf dem Camino raus aus Leon ein solcher Laden wäre, aber vor 10.30 Uhr würde er nicht öffnen. Als wir um 10.30 Uhr aufbrachen, war es immer noch -1 Grad. Der Weg durch Leon und auch aus Leon raus war nicht schön, das Highlight war eine deutsche Bäckerei, in der Nähe des Cafe`s, wo ich mich mit Vollkornbrot und Teilchen versorgen konnte. In dem empfohlenen

Geschäft hatte Paul noch Glück, passende Handschuhe reduziert zu bekommen und weiter ging es.

Bis **Virgen del Camino** ist der Camino weitgehend nicht schön, selbst danach geht es mit Unterqueren von der Autobahn weiter, dazu auch noch parallel mit etwas Abstand zu einer weiteren Autobahn. Ab **Valverde de la Virgen** geht es parallel der Autobahn weiter, entlang und neben einer viel befahrenen Straße. Diese Wegstrecke gehört eindeutig nicht zu den schönen Teilen des Camino. Viel Verkehr und Lärm, dazu die unruhige Nacht und die Zwangspause führten bei mir dazu, schneller zu gehen, in der Hoffnung, diesen Teil möglichst schnell hinter mir zu lassen und zu einem angenehmeren Teil des Camino zu kommen. Aber Fehlanzeige, auch der folgende Teil war nicht anders. Auf dem Weg fallen Lager, aber auch Wohnungen auf, die in den Hügel hineingebaut sind, bedeckt von Erde und Gras, aus denen ein Schornstein herausragt. In **Villadangos del Paramo** machten wir eine längere Rast, mittlerweile war es zwar sonnig, aber immer noch kühl und auch windig. Ich hatte schon die Nase voll, war gefrustet über die Streckenführung, es war nicht mein Tag. Ich hatte einer jener Launen, wo mich alles nervt, wo nichts zu passen scheint. Ich verständigte mich mit Paul, die nächste angenehme Herberge mit Küche aufzusuchen, was zu kochen und den Tag ruhig ausklingen zu lassen, der nächste Tag konnte nur besser werden. Es waren noch ca. 5 KM zu gehen, auch wieder entlang der viel befahrenen Strasse, einfach nur lästig, ich wollte nur noch ankommen. In **San Martin del Camino** direkt am Eingang links war die Herberge der Gemeinde, nette Herbergseltern, alles war sauber, Kochen ging, aber nur draußen, das war aber nicht ganz so wichtig, die Übernachtung kostete 3,- €, die Zimmer waren klein, Paul und ich waren und blieben die einzigen Pilger an diesem Tag. Ich ging nach dem Waschen der Sachen und mir einkaufen und kochte dann draußen unter Beobachtung der Herbergsmutter, die was dazulernen wollte und sich nach dem Kosten alles genau notierte, um es für ihren Mann nachzukochen. Auf dem Speiseplan stand ein Linsengericht, schön heiß und wohltuend wärmend. Die Familie der

Herbergsmutter kam dazu, wir aßen gemeinsam. Wir wurden dann noch zu Rotwein eingeladen, den die Familie mit Verwanden selbst gekeltert hatte. Und: der Mann machte uns den Kanonenofen im Aufenthaltsraum an und brachte uns Holz für den Rest des Abends. Die Wärme des Ofens, das Essen und der Rotwein, alles zusammen endschädigte für den schlechten Weg, ich ging früh schlafen, und die Ruhe tat gut. Obwohl direkt neben der Strasse gelegen, war es ruhig, wir hatten ein Zimmer abseits der Straßenfront. Wir mussten den Herbergseltern nur versprechen morgens beim Verlassen der Herberge alles gut zuzuziehen, es käme erst jemand gegen Mittag, wir sollten drauf achten, dass wir nichts vergessen.

01.04. Zweiundzwanzigster Tag: ca. 22 KM
Hospital de Órbigo – San Justo de la Vega – Astorga

Die Ruhe tat so gut, ich wachte erst gegen kurz nach 8 Uhr auf, keine Hektik, kein Warten beim Duschen oder der Toilette, es war eine Wohltat, der fehlende Kaffee am Morgen das einzige Manko, aber das sollte egal sein, war es doch nicht weit bis zur nächsten Bar, wo wir dann nach dem Aufbruch um 09.25 Uhr 5 Minuten später bereits bei einem Kaffee saßen. Die Kälte draußen, der heiße Kaffee und das angebotene Gebäck und ein Gespräch mit Paul und der Bedienung trugen dazu bei, dass es unser Aufenthalt länger wurde. Hier zeigte sich wieder eine sehr angenehme Seite des Camino, die Bedienung war jung, aber außergewöhnlich freundlich, am Ende mussten wir nur einige Kaffee zahlen, das Gebäck zum Frühstück gab es ohne Berechnung dazu. Mit der Wärme der Sonne war es nunmehr freundlicher, aber der Wind sorgte dafür, dass es immer noch frisch war. Der Weg nach **Hospital del Orbigo führte** wieder entlang der Straße, gut befahren, die Autobahn verlief etwas weiter parallel. Auf und unmittelbar an der Straße geht man, wie bei anderen Strecken auch, dann oft hintereinander, drauf angewiesen, dass Autos einen Sicherheitsabstand halten, das lässt diese Teile des Weges unangenehm werden, hinzu kommt das teilweise hohe Tempo der Autos und LKW`s, der Lärm und die Abgase. Nach einigen Kilometern wurde die Wegführung geändert, es ging fernab der Hauptstraße über Felder. Bevor es ins Zentrum von Hospital del Orbigo kommt, muss man über eine Brücke, die Bewunderung fordert, nicht sehr hoch, aber sehr lang, mit Ausmaßen, die angesichts des Wasserstandes, der sichtbar war, eine Vorstellung davon gibt, wie früher die Wasserstände zur Schneeschmelze gewesen sein müssen. Das alte Zentrum ist schön, wir versorgten uns mit einem Bocadillo und weiter ging es, diesmal abseits der Straßen. Die Sonne war angenehm, die Wege schön, kein Verkehr, der störte, im Hintergrund noch schneebedeckte Berge. Bis **San Justo de la Vega** lief es sich sehr gut, danach geht es wieder entlang der Straße. In San Justo de la Vega gingen wir noch in eine Bar, es war noch früh und Astorga schon zu sehen und in Reichweite einer Stunde. Der Besitzer hatte lange in Köln gearbeitet, es entspann sich ein schönes Gespräch bei Kaffee und Brandy, den er ausgab, während er uns anderen Gästen vorstellte. Die Atmosphäre war gut, wir blieben ca. eine Stunde, bevor wir entlang der Straße weitergingen. Der Teil am Fuße von **Astorga** fing ein kleines Gewerbegebiet an, Bahnschranken, aber die Herberge, ein ehemaliges Kloster, außergewöhnlich groß, war schon oberhalb zu sehen. In der Herberge gibt es einen älteren Teil, aber ein Teil war auch neu gemacht. Vom Esszimmer und der Küche hatte man einen herrlichen Blick auf die Gegend, der Balkon gab noch mehr frei. Nach dem Waschen und einer Dusche ging ich was für das Abendessen einkaufen, direkt kurz hinter dem Ein-/Ausgang waren freigelegte römische Mosaike zu besichtigen, auch das Rathaus am Marktplatz ist sehenswert, ein Glockengeläut mit den Figuren zieht die Aufmerksamkeit auf sich. Es waren nicht so viele Pilger hier, von den wenigen, die da waren, kannten wir keinen. Der Abend war heute früh zu Ende.

02.04. Dreiundzwanzigster Tag: ca. 24 KM
Murias de Rechivaldo – El Ganso – Rabanal del Camino

Der Tag fing heute früh an, gegen 06.30 Uhr machte ich mir den ersten Kaffee in der Küche und was zum Essen. Der schöne Ausblick stimmte gut ein auf den Tag, auf dem Balkon war es aber noch sehr kalt.

Beim Frühstück zog ich ein erstes Resümee des bisherigen Weges. Anders als vor Antritt des Weges gedacht, war es bisher immer sonnig und angenehm gewesen, aber neben den Unterschieden auf den einzelnen Teilen des Weges waren es eher die Temperaturunterschiede, die mich erstaunten. Morgens und abends sehr kalt, über Tag sonnig und angenehm, einzig der teilweise sehr starke Wind war kalt. Ich hatte eher gedacht, die Pyrinäen seien der kälteste Teil der Reise, aber hier hatte ich mich getäuscht, Leon, einige andere, höher gelegene Ziele und die Mesas mit dem Wind hatte ich als kälter empfunden, spätere Erlebnisse auf dem Weg sollten diesen Eindruck noch verstärken. Ich hatte bereits jetzt viel erleben können, was mich bereichert hatte, und alles war anders als erwartet. Die Gelassenheit, die ich wiedergewonnen hatte, die Stärke und innere Festigkeit, die ich wieder mehr spürte, die Neugier und Aufmerksamkeit, die ich selbst den kleinsten Dingen entgegenbrachte, das befreiende Gefühl, dass der Tag nur mir gehörte, für Alles Zeit war, sich am Ende alles so ergibt, ohne dauernd nachzudenken, einen Plan B zu entwickeln. Alles, was vom Alltag bestimmt war, war weit weg und wurde auch nicht vermisst. Wie wenig man braucht, um sich gut und glücklich zu fühlen. Und um wie viel komplizierter das Leben im Alltag ist, ohne, dass es etwas bringt, außer der Tatsache, sich selbst fremd zu werden und sich von sich selbst zu entfernen und abzulenken. Und diese Form des Alltags auf dem Weg war mir weitaus sympathischer als mein „normaler" Alltag. Reduziert auf das Wesentliche ohne das Gefühl zu haben, auf etwas verzichten zu müssen. Entscheidungen dann zu treffen, wenn sie anstehen und mit einer Reichweite, die sich überblicken lässt und auch nur die Gegenwart betrifft und nicht die

Zukunft. Denn die ist später. Das Gefühl, dass es so, wie es gerade ist, auch gut ist und es auch ohne Kopf funktioniert, dass sich alles ergibt, auch ohne aktive Beteiligung des Kopfes, dass gerade das Loslassen davon, besondere Ereignisse und Erlebnisse produziert, für eine andere Art der Zufriedenheit sorgt, jenseits und unabhängig des Rationalen. Eine Auszeit, die ich mir selber geschenkt hatte und wohl auch nötig war ein re-setten und ein Besinnen auf mich. Eine andere Form der Wahrnehmung für mich, andere Menschen und die mich umgebende Umwelt. Obwohl ja alle Sinne immer da waren, das Erleben war intensiver und in intensiven Gesprächen hatte ich das Gefühl, die Kommunikation fand auf anderen Ebenen statt, Verstehen und Spüren fand auch ohne Worte statt.

Gegen 8 Uhr ging ich mit Paul los. Der Weg innerhalb von **Astorga** durch das Zentrum ist schön, Vieles lädt zum Verweilen ein. Das erste Stück hinter Astorga ist nicht so schön, wird aber bis **Murias de Rechivaldo** besser, da es dann parallel zur Straße weitergeht. Schöner wird der Weg nach **Castrillo de los Polvazeres**, beim Ort selbst sind sehr viele Parkplätze, der Camino führt dran vorbei, dann aber wird die Beschilderung fehlerhaft und widersprüchlich. Wie oft gab es auch hier eine Alternativroute, Paul wollte den Weg über **Santa Catalina de Somoza gehen,** mir selbst war eher danach, quer durch die Walachei zu gehen, um die Landschaft zu genießen. Gab es zu Beginn auf dem ca. ersten Kilometer noch eine Kennzeichnung, die den Weg wies, fehlten bereits danach jegliche Kennzeichnungen, der Weg gabelte sich oft, aber ich entschied mich gefühlmäßig, der Tag war noch jung und das Wetter war nun gut, sonnig und warm. Bis auf den Anfang dieser Wegstrecke, als mir noch Soldaten, die ein Lauftraining machten, begegnet sind, bin ich keinem mehr begegnet, bei Gabelungen war es so, dass die bergige Umgebung auch keinen Rückschluss dafür bot, wo der Weg hinführte. Ich erfreute mich an der Umgebung und genoss neben der Landschaft die Stille. Nach etwa drei Stunden kam ich in einem ganz kleinen Dorf an, hier machte ich eine Rast, trank einen Kaffee und füllte meine zur Neige gegangenen Wasservorräte wieder auf. Ein Bocadillo tat auch gut, nach einer Stunde brach ich wieder auf, der Wirt hatte mir noch den Weg nach **El Ganso** beschrieben. Ich war wohl nicht den kürzesten Weg gegangen, aber das störte mich nicht. **EL Ganso** war nicht mehr so weit, von hier aus war ich wieder auf dem aktuellen Pilgerweg. Danach ging es neben der Straße weiter nach **Rabanal del Camino**. Entlang der Straße ist es trotz dieser Tatsache schön zu gehen, da äußerst wenig Verkehr ist, später geht es abseits der Straßen auf Wegen weiter. Ich wollte zwar noch weiter nach Foncebadón, wollte aber erstmal eine Rast machen und etwas essen. Der Innenhof der Albergue de Peregrinos war schön gestaltet und lud zum Verweilen ein. Die Inhaberin, Pilar, war sehr nett, es waren auch schon einige Pilger hier und in der Sonne die Seele baumeln zu lassen tat gut. Kurz bevor ich mich entschieden habe, weiter zu gehen, kam dann Paul noch, der bei Castrillo einen anderen Weg gewählt hatte. So gab es wieder viel zu erzählen, einige weitere Pilger, mit denen ich einige Abende verbracht hatte, folgten, es wurde später und später und ich blieb dann doch, kochte abends was für mich, Paul und George, sie kauften den von Pilar angebauten Wein, der ganz klasse war, so wurde es mal wieder sehr spät. Die Herberge von Pilar ist sehr gut, sauber, angenehme Zimmer und der wunderschöne Innenhof.

03.04. Vierundzwanzigster Tag: ca. 26 KM
Foncebadón - Cruz de Ferro - Manjarin – Riego de Ambos

Trotz der langen Nacht war ich schon um 07.30 Uhr wach, ich hatte gut und ungestört geschlafen, heiß geduscht, der Tag konnte beginnen. Aber gegen 8 Uhr war es doch sehr kalt, die ca.1300 m Höhe sorgten dafür, so sorgten dann noch drei Kaffee für die notwendige Wärme, bevor es durch herrliche Natur und sehr schöne Wege nach **Foncebadón** weiterging. Vor Foncebadón gab es noch Schneeverwehungen und die Berge etwas weiter weg waren noch schneebedeckt, aber überall merkte man das beginnende Frühjahr, Bienen, Schmetterlinge, singende Vögel, blühende Blumen. In der Albergue am Weg in Foncebadón sorgten Kaffee und Obst und die Sonne für einen 30 minütigen Aufenthalt, kurz vor dem Aufbrechen kamen noch Candy, Steffi, Annika und Cindy an, eine muntere deutsch-australische Truppe, die sich auf dem Camino gefunden hatte und nun gemeinsam weiterging. Der weitere Weg zum **Cruz de Ferro** war sehr schön, führte abseits der Straßen auf Wegen dorthin. Das Cruz de Ferro ist mit 1504 Metern zugleich der höchste Punkt dieses Jakobsweges. Der Steinhaufen am Cruz de Ferro wurde um meinen Stein vergrößert, man soll den Stein mit einem Wunsch versehen und dort lassen. Der Haufen der dort deponierten Steine war recht hoch, groß und hatte einigen Umfang. Ich verbrachte etwas Zeit dort in der Sonne und an der Sonnenuhr, die die tatsächliche Sonnenzeit angibt und keine Sommer- oder Winterzeit. Dann ging es weiter nach **Manjarin**, eine sehr schöne Strecke, die nur ab und zu die Straße kreuzt oder sie begleitet. In Manjarin lebt Tomas, der letzte Tempelritter in Spanien und einer der letzten drei noch lebenden. Marcelino hatte mich gebeten, ihn von ihm zu grüßen und hatte mir auch gesagt, es wäre ein hochinteressanter Mann mit viel Wissen um die Templer, den Jakobsweg und der Geschichte. So freute ich mich schon darauf, ihn zu sehen. Leider war er krank, als ich ankam, schlief er, nach Aussagen anderer, die dort lebten, sei auch nicht abschätzbar, wann er aufwachen und aufstehen würde, auf jeden Fall würde er aber immer die Tempelritterzeremonie am Morgen durchführen. Als bis 16.30 Uhr nichts passierte, wollte ich dann doch nicht länger warten und bin dann nach **El Acebo** aufgebrochen, ein wunderschöner Weg durch die Berge mit leichten Aufs und Abs, die später dann teilweise doch recht steil und ausgewaschen sind. Die anderen sind in El Acebo geblieben, ich ging weiter, versorgte mich noch mit Lebensmitteln und bin dann weiter nach **Riego de Ambros,** es lohnte sich, die Herberge war klasse, abgetrennte Zimmer mit Doppelstockbetten, Küche, gute sanitäre Anlagen, und ich hatte sie für mich allein. Um 22.00 Uhr hatte dieser Tag sein Ende gefunden, nachdem ich meine Füße noch versorgte, die teilweise sehr steilen Auf- und Abstiege der schmalen Wege hatten Tribut gefordert, eine weitere Erfahrung wie zuvor wollte ich mir ersparen.

04.04. Fünfundzwanzigster Tag: ca. 38 KM
Molinaseca – Ponferrada – Cacabelos – Villafranca del Bierzo

Gegen 08.30 Uhr habe ich die Herberge verlassen, es war etwas kühl und noch bewölkt, ein leichter Muskelkater oberhalb der Kniegelenke war der Begleiter dieses Tages. Der Weg nach **Molinaseca** auf kleineren Pfaden war sehr schön, aber auch anstrengend, im Hintergrund wieder die Berge mit Schneekuppen. Am Ortseingang von Molinaseca ist rechter Hand eine schöne Kirche, die eine Besichtigung lohnt. In Molinaseca habe ich dann noch Brot gekauft und Dulces (Teilchen), die dann die weitere Verpflegung ausmachten. Der weitere Weg nach **Ponferrada** führt teilweise entlang der Straße, entfernt sich aber auch immer mal wieder davon, je näher man Ponferrada kommt, um so mehr nimmt der Verkehr zu, in Ponferrada ist lediglich die Templerburg und das alte Zentrum angenehm zu gehen und beschäftigt die Sinne. Der weitere Weg bis nach **Camponaraya** ist zumindest bezogen auf den ersten Teil unangenehm, durch Vorstädte, Gewerbegebiete entlang vielbefahrener Hauptstraßen, eine Strecke, die langweilt und Zeit, die kaum vergeht. Direkt danach geht es kurz entlang der Straße, dann wird es wieder mehr ländlich.

Der weitere Weg nach **Cacabelos** ist weit angenehmer, er führt wieder abseits der Straßen auf Wegen durch Weinberge. In Cacabelos war die Stadt auf den Beinen, eine Prozession wurde vorbereitet. Die Kirche am weiteren Weg war offen, hier war bereits alles bereitgestellt, zudem gab es eine kleine Ausstellung. Parallel dazu, schon jetzt stattfindend eine Rally. Das war nun das, was ich nicht haben wollte, also schnell außerhalb des Ortes, Polizisten sagten mir dann, daß der weitere Weg wegen der Rally schwierig werden würde und empfahlen mir eine Nebenstrecke, die sehr schön wäre, aber ca. 6 KM weiter wäre. Ich folgte der Empfehlung und es war gut so. Es ging auf schmalen Wegen und Pfaden durch die Weinberge, ohne rechte Orientierung, aber einer ungefähren Vorstellung davon, welche Richtung ich einschlagen sollte. In den Bergen kam ich in einem kleinen Dorf an, hier wollte ich in einer

Bar nur meine Vorräte auffrischen, insbesonders die Wasservorräte waren fast alle. Ich wurde von den Wirtsleuten zu einem Gespräch, auf ein Bocadillo und einer Weinprobe eingeladen. Vorher war der Camino wohl hier entlang verlaufen, aber dann wieder verlegt worden, so daß nun kaum noch Pilger vorbeikamen. Ich war dankbar für die Pause und das nette Gespräch, ich war doch, wahrscheinlich wegen der gestrigen Etappe, erschöpft. Es war, als ich ankam, gegen 17 Uhr und da ich nicht wußte, wie ich den Weg einzuschätzen hatte, war es mir immer lieber, nicht zulange zu verweilen, aber es war eine schöne, entspannte Atmospäre, so genoss ich die Pause. Solche Momente sind und waren immer schön, zeugen sie doch von Interesse und Verbundenheit mit den Pilgern und dem Camino, neben all der Geschäftstüchtigkeit, die auch ständiger Begleiter des Camino ist. Nach ca. 1,5 Stunden ging es dann gegen 18.30 Uhr weiter nach **Villafranca del Bierzo** über Feldwege durch eine schöne Landschaft, auch wieder abseits von Straßen, aber es zog sich doch hin. Unterwegs traf ich noch Paul, auch er war erschöpft. Trotzdem gingen wir ein schnelles Tempo, viele Herbergen haben teilweise nur bis 21 Uhr Einlass. Kurz vor 21 Uhr trafen wir dann in der Herberge, die direkt am Ortseingang liegt, ein, wir hatten Glück, es waren genau noch 2 Plätze frei. Aber es wurde ein strenges Regiment geführt, bis um 22 Uhr hatten wir im Bett zu sein, also schnell die Sachen in den Schlafraum, geduscht, Bett vorbereitet und noch ganz schnell in die Küche, um doch noch was zu essen. Wir hatten Glück, andere Pilger waren gerade mit dem Essen fertig und hatten noch reichlich über. Wir nahmen dankbar an, an selbst Kochen war nicht mehr zu denken. Abgesehen davon war auch keine Zeit mehr was einzukaufen. Wein war auch noch da, perfekt!
Kaum im Bett schlief ich unmittelbar ein.

05.04. Sechsundzwanzigster Tag: ca. 24 KM
Trabadelo – Vega de Valcarce – La Faba

Wohl auch wegen des frühen zu Bett Gehens und der doch anstrengenden Touren der letzten 2 Tage konnte ich gut schlafen und war auch schon gegen 6 Uhr wach, wusch mich, zog mich an, zu essen war nichts mehr da, aber für 2 Kaffee reichte es und so war ich um 06.50 Uhr aus der Herberge raus auf dem Weg nach **Pereje** und weiter nach **Trabadelo**. Als ich losging war es noch sehr kalt, trotz Mütze und Schal. Die ersten Aufnahmen vom Schloss waren wegen des wenigen Lichts und der langen Belichtungszeit verwackelt, auch in der Stadt selbst gelangen nur die Aufnahmen, wo die Belichtungszeit kurz war. Der Weg von der Herberge am Ortseingang von Villafranca ist sehr schön, vorbei am Schloss, durch den alten Teil der Stadt, mit vielen schönen Details über den Fluss, dann aber leider immer in der Nähe der Hauptstrasse und der Autobahn in Reichweite. Die Kälte ließ den Schritt schnell werden trotz der Schmerzen im linken Bein, die sich schon in der Stadt dazugesellten. Hinter Pareje wurde der Weg besser, etwas abseits der Straße und später dann durch den Wald. Zum Glück hatte eine Bar in Trabadelo schon auf, hier konnte ich was frühstücken, der Kamin war an und der Kaffee sehr gut. Die Wärme tat gut und so ging es erst etwa nach 1 Stunde weiter, nun war es nicht mehr so kalt, ich hatte was gegessen, der Tag fing wieder an, mein Freund zu werden. Ich ging dann weiter nach **Vega de Valcarce** keine so schöne Strecke, die Autobahn oft in der Nähe und häufiger entlang der Straße. Ich wollte zwar noch bis zum O Cebreiro heute, aber empfand die Strecke doch als anstrengend und habe in der Albergue der Brasilianer in Vega auf der Terrasse die Sonne genossen, den Füßen frische Luft gegönnt, etwas gegessen und ausgeruht. Später kam noch Paul dazu. Ich informierte mich dort noch über den portugiesischen Jakobsweg, die Herberge bot hier einiges zu lesen und auch die Hospitalera konnte mir einiges zum Jakobsweg ab Porto erzählen. Ich hatte ja noch Zeit, war bis jetzt gut weitergekommen und überlegte, nach Santiago statt nach Cabo Fisterra nach Porto zu fahren und von dort aus wieder nach Santiago zu gehen, je nachdem wie viel Zeit mir blieb, wenn ich in Santiago wäre. Diese Rast tat gut. Die Schmerzen stellten sich aber nach ein paar Schritten wieder ein, als ich mit Paul nach **Ruitelan** weiterging, der Weg führte wieder etwas mehr von der Straße weg. Hinter Ruitelan ging es weiter über Wege immer durch die Natur, besonders der letzte Teil des Weges von **Las Herrerias** nach **La Faba** ist außergewöhnlich schön, aber wie auch der Weg zuvor anstrengend. Die Wege und Pfade waren hier nicht mehr staubtrocken, sondern schon etwas matschiger. Der letzte Teil hoch nach La Faba war kräfteraubend, trotz noch einer Pause vorher an der Brücke über einen kleinen Bach. La Faba wird von den Freunden des Jakobsweges aus Stuttgart betrieben, eine sehr schöne, saubere und gut eingerichtete Herberge mit einer Kirche auf dem Herbergsgrundstück. Mir war zunächst nur wieder nach einer kurzen Pause, aber das Ambiente war schön und freundlich, so dass es später wurde und ich kurzerhand beschloss, den Abend hier zu verbringen. Wohl auch in der Hoffnung, dass die Schmerzen dann am nächsten Tag weniger sein würden. Ich besorgte mir im nahegelegenen Laden Lebensmittel und fing dann an, nachdem ich die Kirche besichtigte, die Sachen gewaschen und mich geduscht hatte, zu kochen. Im Laufe des Abends fanden sich hier doch noch recht viele Pilger aus deutschsprachigen Ländern ein und es gab wieder viel zu erzählen und zuzuhören. Der Abend wurde nicht lang, ich war müde und brauchte ein Bett.

06.04. Siebenundzwanzigster Tag: ca. 26 KM
O´Cebreiro – Padornelo – Viduedo – Triacastela

Ich schlief gut und lange, ein Zeichen, dass der Körper die Erholung brauchte. Es war nicht zu kalt, als ich mich um 08.15 Uhr um mein Frühstück kümmerte. Nach einem ausgiebigen Frühstück, die Warnungen der Hospitalera noch im Ohr, dass das Wetter diesseits des O´Cebreiro völlig anders sein könne, der O´Cebreiro wäre die Wetterscheide zu Galizien, gegen 09.30 Uhr los nach **La**

Laguna, es war bewölkt, windig und kühl, aber nicht unangenehm. Auf halber Strecke nach La Laguna fing es stark an zu regnen, es schüttete wie aus Eimern, schnell die Regenjacke drüber, den Rucksack mit dem Regenschutz versehen und weiter. Der Weg wurde mehr als matschig, es bildete sich etwas Nebel, der die Sicht auf 5 – 10 Meter verkürzte. Die geöffnete Bar in La Laguna bot Anlass für eine Pause, die sich bis 13 Uhr hinzog, weil es pausenlos stark regnete. Der Wirtin war´s wohl recht, auch die Australier, die in Barcelona arbeiten und ebenfalls den Jakobsweg gingen, blieben. Eine Regenpause wurde für den Aufbruch genutzt, sofort ging´s los, ich war froh, denn ich wollte weiter, und auch schlechtes Wetter gehört zum Weg. Die Regenpause hielt nur kurz, das letzte Stück zum **O Cebreiro** regnete es wieder stark, mitunter hagelte es auch. Unangenehm war es, die wasserdichte Regenjacke war zwar gut, aber die Feuchtigkeit konnte nicht raustransportiert werden, so dass man vom Schwitzen nass wurde. Der Besuch in der Kirche bot wieder Trockenheit und auch ein Unterstand etwas weiter innerhalb des kleinen Ortes bot Schutz vor Regen und Hagelschauern. Die Hagelkörner waren groß und prasselten so runter, dass ich eine Mütze unter der Kapuze anzog. Der Weg vom O Cebreiro nach **Linares** war durch den Regen und die Steine sehr glatt, dichter Nebel begleitete kleine, aber starke Auf- und Abstiege. Weiter nach **Padornelo** nach **Alto do Poio**. Zuvor traf ich mit Paul auf zwei ältere Frauen aus Leipzig, eine weinte vor Schmerzen, wir nahmen ihr Gepäck und halfen Alto do Poio zu erreichen. Naturgemäß ging es diesen Teil nur sehr langsam weiter. In Alto de Poio gab es eine Bar, die Frauen wollten bleiben, ich handelte einen Preis mit dem Wirt aus und empfahl die Zimmer vorher anzusehen. Nachdem alles geregelt war, ging es nach einem Kaffee weiter. Obwohl die Gegend sehr schön war, war nur dann ein Blick dafür, wenn es mal nur „normal" regnete. Das war leider auf dem Weg über **Fonfria** und **Biduedo** nach **Triacastela** nur selten der Fall, die Regel war starker Dauerregen. Gegen 18.30 Uhr kamen wir in Triacastela an, auf dem letzten Stück hörte wenigstens der Regen auf, ich froh war, dem Wetter entfliehen zu können. Ich wollte noch weiter, es war noch hell und es regnete mal nicht, aber Paul wollte bleiben. Ich hatte Lust auf einen Kaffee, so gingen wir in die Bar gegenüber der Herberge. Dort trafen wir alte Bekannte wieder und aus dem kurzen angedachten Stop wurde es später und später und nach einer Stunde hatte ich auch keine Lust mehr, rüber in die Herberge und in den Schlafsaal. Eine heiße Dusche, Klamotten waschen und zum Trocknen aufhängen, essen in dem der Herberge verbundenen Restaurant über den Innenhof. Hier konnte man gut und preiswert essen. Danach ging`s dann schnell ins Bett, es war mittlerweile schon gegen 23 Uhr. Hier überraschte mich eine Eigenschaft der Spanier, die nun die deutliche Mehrheit der Pilger ausmachten: Die Heizungen liefen in den Schlafsälen, die nassen Sachen wurden tropfnass an die Betten gehängt, das Wasser lief die Wände runter. Meine Versuche, die Fenster aufzumachen, für frische Luft und ein wenig Durchzug zu sorgen wurden böse kommentiert und kurz später mit dem Fenster schließen beendet. Dieser Tag war auf ganz andere Art anstrengend. Nach den sonnigen, maximal bewölkten Tagen zuvor, waren Nebel, Dauerregen, Hagelschauern und extrem starker Wind doch so etwas wie ein Kulturschock.

07/08.04.acht/neunundzwanzigster Tag: ca. 80 KM
Furela – Sarria – Portomarin – Hospital da Cruz – Palas de Rei

Von Triacastela aus ging es nach einem Frühstück in der Bar gegenüber der Herberge gegen 8 Uhr los. Erstaunt war ich über die spanischen Pilger, die seit Ponferrada immer mehr wurden. In der Bar zusammensitzend, das war weit weniger ungewöhnlich, aber gut gestylt, meistens in den neuesten und angesagtesten Trainingssachen bekannter Sportartikelhersteller, so als ginge es um einen kleinen Tagesausflug, stylische, leichte Sportschuhe, zurechtgemacht so, als hätten sie in ein paar Minuten einen öffentlichen Fernsehauftritt, die Frauen geschminkt mit kleinen Täschchen, maximal mit einem kleinen Tagesrucksack. Vor dem Losgehen wurden vor der Bar noch Fotos gemacht, kleine Videos mit der Cam gedreht, ein Auto kam und hielt, lud Sporttaschen und die Rucksäcke, die größer waren als ein kleiner Tagesrucksack ein und los ging es. Unterwegs wurde oft in Bars haltgemacht, was getrunken und gegessen, dann ging es locker weiter, meist immer nur bis mittags, wie ich später feststellen sollte, danach wieder geselliges Beisammensein in Bars in der Nähe der Herbergen. Dies fiel nicht nur mir auf sondern auch vielen anderen Pilgern, die am Ende eines längeren Tages dann Mühe hatten, ein Quartier zu finden, weil bei Ihrer Ankunft schon alles belegt war. Nun gut, alles im Dienste der Compostela, damit man sagen konnte, man sei den Weg auch gegangen. Von Triacastela gibt es zwei Wege nach Sarria, ich entschied mich für den „traditionellen" Weg, die Strecke über **San Xil** und **Furela**, eine Strecke über schmale Wege, Pfade und Viehtriebe, die noch genutzt wurden und ihre Nutzung nicht verbergen konnten. Landschaftlich schön, aber der Geruch der Kuhfladen war oft nicht angenehm und diese machten die Wege glitschig. Das Wetter war bewölkt und ab und zu gab es leichten Regen, angenehm war das viele Grün, das kräftig war und nicht so blass und grau oder hellbraun wie zu Beginn des Camino bis Galizien.

In **Furela** gab´s die erste Rast und einen kurzen Aufenthalt, bevor es via **Calvor** und **Caballal** weiter nach **Sarria** ging, wo wir gegen 15.00 Uhr eintrafen, ab Calvor verläuft der Weg wieder entlang der Straße. In Sarria fragte ich im Tourismusbüro nochmals wegen der Unterkünfte und ihrer Öffnung nach, um zu wissen, wo Übernachtungen möglich sind und um die Strecken nach Santiago besser einteilen zu können. Hier erhielt ich auch die Erklärung dafür, warum seit Ponferrada mehr oder weniger auf einmal so viele spanische Pilger unterwegs waren. Es sei Ostern und in den Ferien gehen dann viele Spanier den Jakobsweg, ganz oder teilweise, oft erst ab Sarria, weil es ab da die etwas mehr als die mindestens 100 geforderten Kilometer bis Santiago sind, die zu der begehrten Compostela führen. Sie warnte eindrücklich vor einer zu späten Ankunft in den Albergues, da diese oft schon mittags/nachmittags bereits voll seinen. Sie empfahl uns die Albergue in Ferreiros, da diese keine Pilger aufnimmt, die erst in Sarria gestartet sind. Um 16.30 Uhr war ich am Kloster oberhalb von Sarria, wo ich mir einen neuen Pilgerausweis ausstellen ließ und ich eine Führung und eine Einweisung in die Mosaiktechnik bekam, für die hier ausgebildet wird und Mosaike neu gemacht oder nach Vorlagen erstellt werden. Es wurde nun doch schon etwas später, aber in der Gewissheit, ein Quartier zu bekommen, spielte das keine Rolle. Weiter ging es über Wege durch die Landschaft, die Orte unterwegs **Mercado da Serra** und **Peruscallo** lagen auf dem Weg nach **Ferreiros**, das wir um 20.30 Uhr erreichten. In der Bar neben der Herberge trafen wir wieder auf die deutsch-australische Gruppe, die uns zu unserem Schrecken berichtete, dass die Herberge schon voll wäre. Ich wollte es bei dieser Auskunft nicht belassen, habe die Sachen in der Bar gelassen und bin rüber zur Herberge, um zu sehen, ob sich nicht doch was machen ließe, der Boden hätte mir gereicht. Es war schon dunkel, aber die Herbergsleiterin hatte kein Erbarmen, nicht auf dem Fußboden, nicht den Hauch von Entgegenkommen - nada de nada. Aber sie sagte, wenn wir uns beeilen würden, könnten wir es ja vielleicht noch bis **Portomarin** schaffen, es wären ca. 9 KM, bis zum Schließen der Herberge könnte es vielleicht noch klappen, ggfs. wären auch noch private Quartiere unterwegs. Keine guten Aussichten und nach Rücksprache mit Paul, entschieden wir uns, hier noch was zu essen, mit den Anderen noch was zu erzählen und Wein zu trinken und auch eine Flasche für unterwegs mitzunehmen, die Mädels versorgten uns dann noch mit Zigaretten, Süßigkeiten und Keksen und etwas Obst, Wasser hatten wir frisch aufgefüllt, gegen 22.00 Uhr gingen die Mädels dann in die Herberge und wir eine Zigarettenlänge später los. Nach Aussagen der Herbergsmutter sei der Weg nach Portomarin idiotensicher, immer der Straße entlang. Es war fast Vollmond, so dass die Sicht einigermaßen war, jedenfalls da, wo man tatsächlich was sehen konnte, die Stirnlampe hatte ich eh schon auf. Wir haben uns angeregt unterhalten auf dem Weg, irgendwann waren dann eine Vielzahl von Lichtern zu sehen, das musste Portomarin sein. Der Pilgerweg mit seinen Zeichen führte schon relativ früh abseits der Straße, da es nicht regnete und ich nicht so gerne an oder auf der Straße laufe, sondern durch die Natur, hatte auch Paul keine Einwände dem Pilgerweg zu folgen.

Ab und zu machten wir eine kleine Pause zwischen den angeregten Gesprächen, rauchten, tranken einen Schluck Wein, immer in der Gewissheit, dass ja Portomarin bald erreicht sein würde. Wie sich später zeigte hatten wir wohl den ein oder anderen Abzweig oder die Markierung zum Wegverlauf nicht gesehen oder wahrgenommen, aus den ca. 9 KM bis nach Portomarin wurden, weil wir quer durch die Berge gegeistert sind, weitaus mehr, im Nachhinein geschätzte 19 KM. Irgendwann wurde uns dann klar, dass wir keine Orientierung mehr hatten, die Kennzeichnungen fehlten völlig, wenn wir an eine Straße kamen, begann das Rätselraten, wie weiter. Irgendwann waren dann wieder Lichter zu sehen, wir hofften, dass es die von Portomarin sein würden und gingen in Richtung der Lichter. Wir waren müde und um irgendwann mal anzukommen, egal wo, Hauptsache irgendwo, wo wieder klar wurde, wie wir nach Portomarin kommen könnten, gingen wir seit über einer Stunde ein strammes Tempo. Irgendwann sah ich dann ein Licht, das außen an einem Gebäude brannte. Es lag etwas abseits, zwei Autos standen vor der Tür, es war ein kleineres Industriegebäude. In der Tür war ein Fenster, innen brannte Licht. Was tun? Innen war niemand zu sehen, aber es gab eine Klingel rechts neben der Tür. Es war jetzt kurz vor 2 Uhr nachts. Ich klingelte ging einen Schritt zurück und war gespannt, was passieren würde. Paul stand noch etwas weiter von der Tür weg. Dann passierte was … Ein Mann näherte sich der Tür, den Blick auf das Fenster in der Tür gerichtet, ich hielt die Jakobsmuschel hoch, denn vertrauenserweckend sahen wir wohl nicht aus um die Zeit, aber die Jakobsmuschel als Zeichen der Pilger kennt jeder. Der Mann, der zum Türfenster hin immer langsamer wurde, war sichtlich erschrocken und auch erstaunt, um die Zeit Pilger an der Tür zu sehen. Ich erklärte ihm durch die geschlossene Tür unser Problem, er öffnete dann und erklärte uns, wie wir gehen sollten, von ihm aus seinen es nur noch 8 KM, eine Angabe, die auch daneben war, es waren wohl eher 11 – 13 KM. Wir bedankten uns, wir hatten Glück, es war eine Panaderia (Brotbäckerei), nur deshalb hatten wir jemand angetroffen. Trotz unserer Müdigkeit, spürbarer Kälte und mittlerweile schmerzenden Füssen waren wir flott unterwegs, aber erst um 04.30 Uhr in Portomarin, das gänzlich ausgestorben wirkte, lediglich der beleuchtete alte Stadtkern bei der Kirche und das Licht der Geschäfte in den Kolonaden zeigte ein hübsches Gesicht. Es war nun wirklich sehr kalt. Paul war fertig und wollte schlafen, suchte sich im überdachten Teil eines Innenhofes eines mehrstöckigen Hauses eine Bleibe und rollte seinen Schlafsack aus. Die letzten Zigaretten waren geraucht, der Wein geleert, ich konnte und wollte dort nicht schlafen, setzte mich dazu, zog mir was wärmeres an, ließ Luft an die Füße, die ja schon ohne Unterbrechung seit morgens in den Wanderschuhen steckten und döste etwas vor mich hin, unterbrochen immer wieder von Kälte, die mich wach hielt. Dann lieber weitergehen, trotz der Müdigkeit und den schmerzenden Füssen. Ich zog mir die Schuhe wieder an und sagte Paul Bescheid, dass ich weitergehen wolle und sagte zu Paul ich würde irgendwo auf dem Weg nach Palas de Rei in einer Bar entlang des Weges auf ihn warten, da, wo zuerst was auf wäre und ich was essen und trinken konnte, ansonsten würden wir uns ja dann in Palas de Rei treffen. Mir taten die Füße weh, es war kalt, der Weg muss tagsüber schön sein, aber im Morgengrauen den ersten Teil mit kleinen Wegen und im Wald war schwierig, weil ich mich mit der Stirnlampe ja doch sehr konzentrieren musste, um auf dem Weg zu bleiben, manchmal sind die Markierungen ja auch tagsüber schwierig auszumachen.

Nach ca. einer Stunde war es besser, es wurde etwas heller und der Weg verlief entlang einer Straße. Im ersten kleinen Ort, **Toxibo,** war noch alles zu und dunkel, aber im nächsten Ort **Gonzar**, gab es eine Pilgerherberge. Als ich gegen 08.10 Uhr ankam, verließen die ersten Pilger die Herberge und ich ging hinein, zu groß war die Hoffnung zumindest auf einen Kaffee oder vielleicht auch der Möglichkeit, sich was zu essen zu machen. Die Herberge machte einen guten Eindruck, der Innenhof war schön, es gab dort auch die Möglichkeit, sich ein Frühstück machen zu lassen. Zunächst sagten mir die Herbergseltern, dass man jetzt noch keine Pilger aufnehme und gestern sei ich ja noch nicht da gewesen. Aber sie waren sehr nett und hatten ein Einsehen, als ich Ihnen erzählte, was passiert sei. Ich traf noch Pilger von vorigen Etappen, so machte die Geschichte schnell die Runde und viele kamen, um sie sich erzählen zu lassen. Erstmal bestellte ich jede Menge Kaffee, der wärmte gut auf, dann Spiegeleier mit Brot. Ich war müde, nach dem Essen eher noch mehr als vorher, aber jetzt war ich wieder guter Dinge, auch Zigaretten gab es, so dass ein Wohlgefühl am Ende der Anstrengung stand. Gegen 10 Uhr habe ich mich dann wieder aufgemacht, das Wetter war besser, es war hell, mir ging es besser und der Weg über **Castromaior** nach **Hospital de la Cruz** lief sich angenehm, wenn auch mein Tempo ein etwas anderes war als sonst. Hier gab es ein Restaurant, was einen Blick auf die vorbeiziehenden Pilger bot, ich beschloss, hier auf Paul zu warten, was zu essen und auszuruhen. Draußen war es windig und bewölkt, also ging ich rein. Heißer Kaffee tat gut, dazu einen Brandy. Mir war jetzt so ziemlich alles egal, es blieb nicht bei dem einen Kaffee und Brandy, irgendwann später kam noch ein Bocadillo dazu und ein Rotwein. Hier traf ich dann Harry und Isabel, Vater und Tochter aus Deutschland, die den Camino gemeinsam gingen. Sehr selten, so eine Kombination und so ergab sich ein anregendes und langes Gespräch mit den beiden äußerst sympathischen Menschen. Später, gegen 15 Uhr, kam dann noch Christine rein, eine herzliche Begrüßung und wir verabredeten uns gegen 21 Uhr in Palas de Rei in ihrem Hotel, sie wollte sich nach den ganzen Pilgerherbergen mal was gutes tun. Etwas später folgten noch George, Annika und Jeff aus Neuseeland und später auch noch Paul. Wir unterhielten uns noch über das, was ihm und mir passiert war und gingen dann weiter, nun war es ja nicht mehr so weit. Die Schlaflosigkeit meinerseits und auch die Strapazen des gestrigen Tages noch in den Knochen, machten wir bald die Erfahrung, dass wir doch zügiger gehen sollten, wenn die Füße eh weh tun, dann lieber schnell gehen, um eher in der Herberge zu sein. Von Hospital de la Cruz aus geht es quer durch die Landschaft, eine schöne Strecke, die aber in meinem Zustand nicht Quell der Freude war, sondern eher nur registriert oder zu Kenntnis genommen wurde. Der Weg führt über **Ventas de Naron, Ligonde, Portos-Reboredo** nach **Palas de**

Rei, wo die letzten Kilometer dann parallel der Strasse verlaufen. Wie ich mich freute, endlich die Herberge zu sehen, als wir gegen 17.30 Uhr ankamen, trafen wir George vor der Herberge. Die Herberge war groß und noch nicht alt, war modern eingerichtet, aber mit großen Schlafsälen und Hochbetten. Nach den Formalitäten hoch in den Schlafsaal, ein Bett gesucht und belegt, dann direkt unter die Dusche und lange heiß geduscht, zum Schluss noch mal ganz kalt, um wach zu bleiben. Der Küchenbereich war klein und bei der Anzahl der Pilger eher nicht dazu angetan erst was einkaufen zu gehen, zurückzukommen und dann was zu kochen so dass wir beschlossen, die etwas mehr als ein Kilometer in den Ort hinunter zu gehen. Meinen Füssen zuliebe hatte ich die Flip Flops angezogen, damit ließ es sich zwar nicht so gut gehen, aber die Füße bekamen Luft. Im Ort trafen wir viele Bekannte des Weges wieder, auch fiel mir auf, dass hier viele spanische Touristen waren. Ich holte Christine wie verabredet um 21 Uhr im Hotel ab und gemeinsam suchten wir uns mit Paul und George eine nette, gemütliche Bar zum Essen aus. George lud uns ein, es wurde ein sehr schöner Abend, der sich vor der Herberge noch fortsetzte, weil die Eingangstür nicht verschlossen war. Aber gegen 23.30 Uhr war dann bei mir der Punkt erreicht, wo ich ein Bett sehen wollte und auch ganz schnell einschlief.

Harry und Isabel

Harry war ca. 1,80 m groß, kräftig mit einer sehr sympathischen Ausstrahlung. Ein feiner, in sich ruhender und ausgeglichener Mann, der sehr gut zuhören konnte und eine innere Wärme ausstrahlte. Beeindruckt hat mich das sehr innige Verhältnis zu seiner Tochter Isabel, eine schlanke, aufgeweckte und interessierte junge Frau, etwas größer als der Vater. Dieser hatte sie zu dem gemeinsamen Jakobsweg eingeladen, Sie folgte der Einladung, es war ein entspanntes Miteinander zwischen beiden. Sie ging den Jakobsweg aber auch, um sich klarer zu werden, was sie studieren wollte. Mit dem Verlauf der Reise wurde ihr ohnehin sehr gutes Verhältnis noch besser. In Santiago, nachdem wir uns auch zwischendurch häufiger getroffen haben, war eine Tendenz da, die später dann auch umgesetzt wurde. Harry ist den Weg mehrfach gegangen, auch schon mal mit seiner Frau. Wir haben uns lange darüber unterhalten, weil es für mich mitunter sehr schwierig scheint, ein ausgewogenes Verhältnis zwischen der notwendigen Zeit für sich (Ruhe, Besinnung) und der Verantwortung dem Partner gegenüber, dem gemeinsamen Austausch, ggfs. unterschiedlichen Zeiten des Aufstehens, unterschiedlichen Points of Interest während des Weges, unterschiedlichen Bedürfnissen nach Ruhe und Pausen, essen, der Geschwindigkeit des Gehens usw. Sein Rezept aus eigener Erfahrung war einfach und überzeugte mich als Lösung: Man vereinbart am Abend zuvor eine Herberge für den Abend des nächsten Tages mit einer Uhrzeit, trifft sich dort, genießt den Abend und tauscht sich über das aus, was einen am Tag bewegt und was man erlebt hat. Für ihn hat es ein noch mehr Aneinanderrücken bewirkt, eine noch intensiver erlebte Zeit. Beide wollen das auch noch mal in der nächsten Zeit wiederholen. So könnte ich mir auch den Jakobsweg vorstellen, wenn man ihn mit Freunden geht.

09.04. neunundzwanzigster Tag: ca. 30 KM
Coto – Melide – Castañeda – Arzúa

Am Morgen ging es trotz der längeren Nacht schon früh los, nach einer ausgiebigen Dusche verließ ich die Herberge schon gegen 8 Uhr, ging in den Ort zum Frühstücken und versorgte mich mit etwas Proviant. Vom Zentrum aus ging es dann gegen 09.20 Uhr weiter über eine schöne Strecke, die über **Xiao** nach **Coto** führt. Unterwegs regnete es immer mal etwas heftiger, abgewechselt von dauernden Nieselregen, den ganzen Tag lang waren Zeiten ohne Regen die Ausnahme, aber die regenfreien Zeiten besserten die Laune immer spürbar auf. Wie so oft traf ich unterwegs auf dem Weg oder bei einer Rast auf andere Pilger, mit denen mich einiges verbunden hat, auf dieser Strecke waren es Harry und Isabel, Christin und Jackie und Jeff, der Lehrer aus Neuseeland. Der überwiegende Teil dieser Etappe führt abseits der Straßen und ich finde ihn schön, es gibt viel zu entdecken und zu sehen. Das Schöne an dieser Strecke ist das Ursprüngliche, man meint, die Zeit sei hier stehen geblieben, kleine Dörfer mit alten Häusern, noch ältere Kirchen mit Symbolen der Kelten, die erst nachher die christliche Umwidmung erfuhren, schmale Wege, eine Landschaft, die weitestgehend einem Anschluss an die moderne Zeit und Infrastruktur trotzt. Auch die Natur ist nicht so in die Verwertung moderner Landwirtschaft und Tierhaltung einbezogen. Für mich ein bischen wie ein Paradies, es gibt vieles zu entdecken, wenn man ein Auge für Details hat. Weiter führt der Weg über **Furelos** und **Castañeda** nach **Arzúa,** wo ich gegen 19.00 Uhr eintraf. Unterwegs traf ich noch den „Mützen Mann" , der froh war, mich wieder zu sehen und so gingen wir die nächsten ca. 3 Stunden gemeinsam. Wir gingen auch in einige Kirchen und gemeinsam mit seiner Mutter erklärten wir Symbole und machten ihn auf Besonderheiten aufmerksam. Es war auch eine willkommene Abwechslung, mal kein Regen. Später dann wollten die beiden eine Rast machen, ich ging mit Paul weiter, wir wollten früh in Arzúa sein. Als ich um 19 Uhr in Arzúa ankam, hatte ich dann doch noch vor, etwas weiter zu gehen, aber als ich dann in einer Bar bei einem Kaffee noch weitere Pilger traf, die mit mir den Abend verbringen wollten, gab ich dann doch nach, es war zwar noch hell, aber bewölkt regnerisch, so brauchte es nicht viel, um mich zum Bleiben zu bewegen. Wir verabredeten uns, später gemeinsam in der Bar, die in der Herberge war, das Pilgermenü zu essen, das Essen und der Wein waren sehr gut, preiswert war es auch, anregende Gespräche taten das übrige dazu, so dass ich mich rundherum wohl fühlte. Der „Mützen Mann" kam auch mit Mutter und Tante und wir hatten einen lustigen Abend, bei dem uns der „Mützen Mann" von seinen Erlebnissen auf dem Jakobsweg erzählte. Um 21.30 Uhr war dann für den „Mützen Mann" zu Bett-Geh-Zeit, ich blieb mit Paul noch, wir setzen uns an einen Tisch mit anderen Pilgern, es gab wieder viel zu erzählen. Die Geschichte mit der Nachtwanderung machte bereits die Runde, vereinzelt wurde ich auch schon angesprochen, ein Spitzname war auch schon vergeben, ich war der „El Aleman". Die nächsten Tage, selbst später in Santiago, zum ersten Mal bei der Ankunft und dann auch bei meiner Rückkehr aus Cabo Fisterra, wurde ich von wildfremden Menschen gefragt, ob ich der „El

Aleman" sei und ab und zu ein gemeinsames Foto gemacht. Die Vielzahl der Spanier, auch in dieser Herberge, ich hatte noch eines der letzten Betten erhalten, sorgte für ein für mich ungewohntes Verhalten. Dem Schlafraum angeschlossen war der Sanitärbereich und durch die vielen nassen Sachen war hier eine Feuchtigkeit, die das Wasser innen die Fenster langlaufen ließ, zugleich lief die Heizung permanent, aber jeder Versuch, mal zu lüften und die Fenster zu öffnen, wurde von den spanischen Pilgern abgelehnt und traf auf Unverständnis, eine Erfahrung, die ich in den moderneren Herbergen danach noch häufiger machte.

Der „Mützen Mann"

Der „Mützen Mann" war ein 8jähriger aufgeweckter Junge, der den Jakobsweg mit seiner Mutter und seiner Tante in den Osterferien ging. Sie waren nach Leon geflogen und hatten, wenn ich mich recht erinnere, den Weg von Astorga aus begonnen. Ich traf sie auf einer Etappe hinter dem O´Cebreiro am frühen Abend, es regnete und er war etwas quengelig, alle hatten auch schon viele Kilometer hinter sich. Wir gingen einen Teil des Weges an diesem Tag gemeinsam bis zur Herberge. Der „Mützen Mann" machte trotz seines Alters und seiner Größe jeden Tag zwischen 22 bis 30 Kilometer, eine Leistung, die mir Respekt abverlangte. Er war auch sehr lustig, an vielen Dingen interessiert und fragte viel. Als ich ihn in der obigen Situation kennenlernte, war seine Laune eine Ausnahme. Auf dem Weg bis zur Herberge beschäftigte ich ihn mit Fragen, so dass der Weg für ihn kürzer wurde. In der Herberge verabredeten wir uns mit seiner Mutter und Tante auf ein gemeinsames Abendessen. Er interessierte sich sehr für Fußball. Als ich ihm dann beim Abendessen ein Käppi vom FC Barcelona, das ich von einem Mitpilger geschenkt bekommen hatte, schenkte, war das Eis gebrochen und die Augen leuchteten. Ich habe Ihm dann gesagt, er solle, immer wenn es schwierig werden würde oder ihm was weh täte, an die Mütze denken, die würde ihm Kraft geben, sie sei sein Talismann und weiterer Wegbegleiter nach Santiago de Compostela. Am gleichen Abend erhielt er auch seinen neuen Namen, er war jetzt der „Mützen Mann", ein tapferer Junge, der nichts zu fürchten habe. Die Mütze wurde zu seinem ständigen Begleiter, den er immer trug, lediglich bei der Pilgermesse in der

Kathedrale und zum Schlafen zog er sie aus, wie mir seine Mutter in Santiago versicherte. Ich traf alle drei in Santiago wieder, vor der Kathedrale hatte wohl etwas seine ungeteilte Aufmerksamkeit auf sich gezogen, während unseres Wiedersehens und Gespräches war er auf einmal weg. Als es uns auffiel, machten wir uns auf die Suche nach ihm und schon bald war er gefunden, in unmittelbarer Nähe, an einem Stand. Seine Tante hielt ihm erstmal eine Standpauke, er war den Tränen nahe. Ich wartete ab und zog ihn dann auf die Seite, redete mit ihm und beruhigte ihn. Jetzt war ihm das warum und wieso schon eher verständlich. Ich versprach ihm, ihn in ein Geheimnis einzuweihen. Seine Mutter war gläubige Katholikin, so wusste ich, dass sie im Anschluss an die Pilgermesse zur Krypta gehen würden. Ich sagte ihm, es gebe wohl so was wie eine Legende, dass man einen ganz kleinen Gegenstand in einen der Mauerritzen stecken soll, einen Ort, den man nur selbst kennt, sich still und andächtig was wünscht und ihn dann in die Mauerritze steckt. So hätten die Wünsche eine Heimat und einen Ort und nicht selten würde sich erfüllen, was man sich gewünscht hat. Der „Mützen Mann" war auf andere Gedanken gebracht, und war nun mit seiner Mutter damit beschäftigt, etwas passendes zu finden, was geeignet war, in einer Mauerritze zu verschwinden.

10.04. dreißigster Tag: ca. 45 KM
Calle – Pedrouzo – Lavacolla – Monte Gozo

Da mein Rückflug erst am 19.04. von Santiago aus ging (ich war aber zu diesem Zeitpunkt immer der festen Meinung, ich würde am 16.04. zurückfliegen, warum kann ich nicht sagen, wahrscheinlich hatte ich ursprünglich den 16.04. im Visier und es gab keine Flüge mehr, so dass ich auf den 19.04 ausgewichen bin), hatte ich noch ausreichend Zeit, wahlweise wollte ich von Porto aus nach Santiago oder noch nach Cabo Fisterra, das wollte ich spontan entscheiden, aber es gab keinen Grund zur übertriebenen Eile. Ich bin früh raus und war schon gegen 07.45 Uhr in der Bar gegenüber der Herberge, um hier zu frühstücken. Hier traf ich mich mit Paul und Jeff, einem muskulösen, kräftigen Lehrer aus Neuseeland, den ich vor ein paar Tagen kennengelernt hatte und mit dem ich immer mal ein Stück des Weges gemeinsam ging. Unser Gespräch wurde häufiger unterbrochen, bedingt durch spanische Pilger, die schon früh auf waren, hier ihre erste Rast einlegten und den „El Aleman" kennenlernen wollten. Meine Wanderung durch die Nacht hatte eifrig die Runde gemacht, aus Sicht der spanischen Pilger, die teilweise zwar sehr früh aufbrachen, aber oft auch schon gegen mittags/nachmittags in der Herberge waren, etwas völlig verrücktes und nicht nachvollziehbares. Aber selbst später in Santiago und auch unterwegs nach Cabo Fisterra wurde ich immer wieder darauf angesprochen. Harry und Isabel kamen hinzu und leisteten uns ebenfalls Gesellschaft. So wurde es fast 11 Uhr, ehe wir aufbrachen. Wir waren überein gekommen, den Rest nach Santiago de Compostela in 2 Tagen zu machen, ganz gemütlich. Irgendwie ein komisches Gefühl, dass bald, mit dem Erreichen von Santiago de Compostela, der Camino sein Ende finden würde, eine Tatsache, die sich mehr und mehr in den Vordergrund schob, vorher für mich nie ein Thema war. Vorher war einfach nur Gehen angesagt. Und das sollte auf einmal aufhören? Mittlerweile war es schon fast so, dass der Jakobsweg der Alltag war, alles Andere dahinter zurücktrat. Etwas anderes als zu gehen und die Zeit auf dem Jakobsweg zu verbringen, war, bis auf die Gedanken an meine Kinder, schon gar kein Thema mehr. Ich verstand jetzt mehr und besser den Pilger, den ich auf dem Weg nach San Martin del Camino kennenlernte, der mit seinem kleinen Hundewägelchen und seinen 2 Hunden seit einem halben Jahr schon den Jakobsweg ging, von Roncevalles bis nach Santiago de Compostela und wieder zurück. Und irgendwie wollte ich auch selbst nicht, dass der Jakobsweg ein Ende findet, nach Allem, was ich erleben durfte und mich bereichert hatte. Eine Unlust stellte sich ein, aufzubrechen oder gar anzukommen. Obwohl es das Ziel oder die Krönung war in Santiago anzukommen, wurde jetzt der Weg selbst wichtiger und das Eigentliche. Ich freute mich nicht mehr darauf anzukommen, sondern wollte einfach nur weiter den Camino gehen. Verrückte Welt! Dennoch ging es dann los. Der erste Teil der Etappe ist schön und führt durch die Landschaft über **Peroxa, Calle** und **Boavista** abseits der Straßen, ein Stück nach Boavista führt er über **Ras, Santa Irene** nach **Pedrouzo**. Ich war mit Jeff und Paul gemeinsam losgegangen, die Strecke lief sich angenehm, das Wetter war nicht so prickelnd, aber wir gingen, unterbrochen von einigen kleinen Pausen, doch zügig, unser Ziel sollte Lavacolla sein, weil in Pedrouzo bereits alle Betten belegt waren, so dass wir hier eine größere Rast machten, um etwas zu essen und auszuruhen. Hier trafen wir dann auf eine Gruppe von ca. 15 bis 20 Frauen aus Irland, zwischen 35 und 45 Jahren, eine Gruppe, die den Jakobsweg organisiert ging. Also Gepäck wurde transportiert, übernachtet wurde in Hotels, alle schick angezogen, gut zurecht gemacht und immer redend. So, als ob sich Leute nach Jahrzehnten der Trennung voneinander nun auf einmal wiedertreffen und wissen, sie haben nur diese paar Tage Zeit, um sich auszutauschen. Selbst wenn die Gruppe ging, war es eher so, als wenn ein gemeinsamer Sonntagsspaziergang gemacht wurde, immer redend und gemütlich gehend, viele lange Pausen, wo dann für 1 bis 2 Stunden in Bar´s sämtliche Plätze belegt wurden, auch keine Aufmerksamkeit vorhanden war, enger zusammenzurücken, damit es für andere, ältere Pilger auch noch Platz gab. Die Lautstärke ihrer Unterhaltung war ein weiterer Punkt. So als wären sie allein, konnte man sich der Konversation nicht entziehen, man war ihr ausgesetzt. So empfanden es auch meine Kinder als ich mit ihnen im Juli den portugiesischen Jakobsweg ging, wo wir dann ebenfalls auf eine Gruppe von Frauen aus Irland stießen. Obwohl die bisherigen Kilometer eigentlich keine Herausforderung waren, waren wir doch alle etwas erschöpft, zu diesem Zeitpunkt konnten wir ja noch nicht wissen, dass wir vor Santiago keine Herberge mehr finden würden, die noch ein Bett frei hatte. Also ließen wir es ruhig angehen und machten eine längere Pause, waren es von hier ab doch nur noch ca. 12 KM bis Lavacolla … Das Wetter klarte etwas auf, es war nur noch bewölkt, viel Wind, aber ab und zu kam auch die Sonne zum Vorschein, der Regen nahm ab, sowohl die Häufigkeit, als auch die Dauer. Jeff wollte schnell weiter, er hatte ein ordentliches Tempo und wir fanden seine Symbole und Zeichen, die er mit seinem Stock auf den sandigen und erdigen Teilen der Wege hinterließ, häufiger auf der Strecke abseits der Straßen über **Amonal** und **Sampaio** nach **Lavacollo**. Es war ein schöner Wegteil bis auf den kurzen Teil, der in der Nähe der Autobahn verläuft. Gegen 17.30 Uhr waren wir dort, rechtschaffen müde und voll Vorfreude auf die Unterkunft, aber es gab keine freien Betten, also Rast in einer Bar, einen Kaffee und ein Bocadillo, überlegen… Ich wollte nicht in Hotels schlafen, Jeff wollte weiter nach Santiago/Monte Gozo, Paul wollte eher bleiben, ich entschied mich dann auch für Monte Gozo, Paul schloss sich an. Jeff hatte Hummeln im Hintern, wollte schnell los, mir war nach etwas mehr Rast, so ging er vor, ich bat ihn, für uns Betten zu reservieren, wir würden, sollten wir ihn nicht mehr einholen, ebenfalls folgen. Sind noch Betten frei, und die Ankunft von Mitpilgern ist innerhalb einer Stunde gegeben, wird diesem Tatbestand in einigen Herbergen Rechnung getragen. Obwohl nur noch ca. 7 KM zu gehen waren, zog es sich wie Gummi, die Füße fingen an weh zu tun und es kam mir immer länger vor, häufigere kurze Pausen, die Strecke in Sichtweite des Flughafens, dann wieder abseits der Straßen, ein empfundenes Auf und Ab, das Wetter, wie auch immer, es nahm kein Ende. Die Anhöhe auf asphaltierter Straße zum Fernsehsender von Galizien hinauf wurde zu einer Hürde, schmerzende Füße, schlechte Laune und immer noch kein Sichtkontakt zu Monte Gozo. Die Schritte wurden kleiner und das Gehtempo wurde langsamer. Eine letzte kurze Rast, eine Zigarette, mir war jetzt egal, wann ich ankommen würde, ob es noch ein freies Bett gab, oder es noch weiter ging, ab jetzt war es eingepreist, es ging erst weiter, wenn ich bereit war weiter zu gehen. Paul ging es ähnlich, er hatte schon zuvor drum gebeten, in einem Hotel zu fragen, ob noch Zimmer frei waren. Da war ich es noch, der ihm gesagt hatte, komm, die paar Kilometer noch, das kriegen wir jetzt auch noch hin… Paul willigte ein, jetzt war er es, der sagte, kann nicht mehr so weit sein, gleich sind wir da. Aber insgeheim wussten wir beide, dass wir hier am liebsten geblieben wären, Hauptsache, nicht noch weiter. Aber wir rappelten uns auf, es war schon sehr spät und viele Herbergen haben halt schon gegen 21 oder 22 Uhr keinen Einlass mehr. Ab und zu regnete es ein bißchen, vor allem war es aber sehr windig. **San Marcos** kam in Sichtweite, wir hielten es für Monte Gozo, die nächste Enttäuschung, und wieder auf asphaltierten Strassen, obwohl nur am Rand des Ortes, hatte ich das Gefühl eines unbewohnten Ortes. Aber wir waren nah dran, die Herberge war jetzt beschrieben, hier in unmittelbarer Nähe kündeten mehrere offene Bar´s von Pilgern, die drinnen saßen, dass es nicht mehr weit sein konnte. Jeff war in einer Bar, kam raus, zeigte uns den Weg und sagte, er würde hier auf uns warten. Gegen 21.30 Uhr, noch vor dem Schließen der Rezeption um 22 Uhr trafen wir ein und erhielten noch ein Bett. **Monte Gozo** ist ein riesen Komplex mit ca. 1.000 Betten für Pilger, aber in der sympathischen Form von Bungalows und Zimmern mit jeweils 4 Doppelstockbetten, einer Küche und Sanitärbereichen. Nach dem Beziehen unserer Betten und einer Dusche ging es dann hoch zur Bar, hier trafen wir außer Jeff noch George und weitere Pilger, die oft ähnliche Schicksale mit den Herbergen geteilt haben und auch froh waren, endlich hier zu sein und sich erstmal nicht um ein Quartier sorgen zu müssen. In Monte Gozo kann man abweichend von der sonstigen Praxis der Herbergen bis zu 3 Tagen bleiben, auch wenn man nicht krank ist. Der Abend wurde sehr lang und ging bis zum frühen Morgen, es gab keine Sperrstunde, der Tag war abgeschlossen, es stand ja nur noch der letzte Teil bis Santiago an, um dort weitere Pilger zu treffen und die Compostela in Empfang zu nehmen. So wurde denn am Abend gut gegessen und getrunken, der Camino Revue passieren gelassen, garniert von alleinigen oder gemeinsamen Erlebnissen und Eindrücken. Einige waren mit ihrem Kopf und den Gedanken schon wieder zu Hause, die Anderen noch ganz auf dem Camino.

11.04. einunddreißigster Tag: Santiago

Nach einem Frühstück in Monte Gozo in der Kantine verließen wir Monte Gozo, gegen 09.30 Uhr, ich wollte zeitig dort sein, um nicht allzu lange für die Compostela anzustehen, es war ja Ostern und die vielen „part time Pilger", die nur oft wegen der Compostela die letzten 100 – 200 KM gingen, ließen doch erheblichen Andrang vermuten. In Spanien spielt die Compostela eine etwas andere Rolle, oft wird sie Bewerbungen beigefügt. Die Stadt selbst war mir ja bekannt, weil ich hier an der Universität einen Monat Spanisch gelernt hatte. Es hatte sich sehr vieles inzwischen verändert, wenig oder so gut wie gar nichts im näheren Bereich der Kathedrale, hier war noch der Charme der Altstadt zu spüren und zu erleben. Das Pilgerbüro war in einer Nebenstraße direkt bei der Kathedrale untergebracht. Direkt, wenn man reinkam, fanden sich links davon die Wander- oder auch Pilgerstöcke, die abgestellt wurden, bevor man die Treppe zum Pilgerbüro hochging. Es war dann doch nicht ganz soviel los, lediglich eine viertel Stunde verging, bevor ich an der Reihe war. Bei der Compostela gibt es 2 Varianten, eine, die religiösen und/oder spirituellen Pilgern vorbehalten ist und eine andere, die man erhält, wenn sonstige Gründe angegeben werden. Bei meinem portugiesischen Jakobsweg mit meinen Kindern im Juli des gleichen Jahres ließ ich mir die Compostela, der die sonstigen Gründe beinhaltete, ausstellen, mich hat diese Compostela von ihrer Aufmachung mehr angesprochen als die erstere. So, nun war´s geschafft, nach dem Vorlegen der Pilgerpässe wurde die Compostela ausgefüllt. Und dann wieder die Treppe runter nach draußen.

Ab diesem Zeitpunkt machte sich bei mir eine gewisse Leere breit, ich war nun da, hatte die Compostela, und jetzt? Ich ging erst mal… und ging… ziellos umher, immer im näheren Umkreis der Kathedrale. Beim Durchstreifen der Altstadt und beim Treffen der Pilger war vieles anders, viele wirkten gelöster, bei manchen fing der Alltag ihres Lebens wieder an, die Oberhand zu gewinnen, als fliegender Wechsel, als wenn eine Aufgabe beendet ist und nun wieder business as usual folgt. Ungewohnt war auch der Zugang oder eher die Verabschiedung von anderen Pilgern, folgte dann auf dem Weg immer ein „bon Camino" oder „auppa" oder „i ultreia" wusste ich an dieser Stelle nicht recht weiter, es war ja geschafft, die guten Wünsche bezogen sich auf den Weg und der fand ja nun hier sein vorläufiges Ende. Jemand am Ziel des Weges viel Glück, Kraft und Durchhalten zu wünschen, machte ja nicht mehr so viel Sinn und das Verbindende des Weges wurde abgelöst durch die Teilnahme an dem, was denn nun bei jedem einzelnen folgen sollte. So schlenderte ich denn nun immer noch durch die Altstadt, ohne richtiges Ziel und mehr wie im Tran alles wahrnehmend. Ich traf an diesem und am nächsten Tag viele Pilger wieder, mit denen ich einen Teil des Weges gegangen bin, Jeff, Christine, Jackie, Harry und Isabel, Bernhard, Carol und Larry, Dominik, die australisch-deutsche Gruppe, den „Mützen Mann" mit Gefolge, die Australier aus La Laguna, viele spanische Pilger. So war es zwar ein durch die Altstadt gehen, aber immer wieder unterbrochen von Begrüßungen, erzählen und verabschieden. Es war mittlerweile Mittag, ich setze mich in eine Bar, trank einen Kaffee und habe eine Kleinigkeit gegessen. Da ich mein Gepäck mit mir hatte und auch näher in der Stadt sein wollte, ging ich zum Seminario Menor, um dort zu übernachten. Diese Herberge war mit 10,- € doch sehr teuer, liegt aber sehr schön und man hat einen schönen Blick auf Santiago. Die Küche war okay, die Sanitäranlagen auch, ansonsten große Schlafsäle voller Betten Hier legte ich mich dann für 2 Stunden hin, nachdem ich geduscht hatte, zuviel ging mir durch den Kopf, nicht strukturiert, aber Vieles von dem Camino kam wieder hoch. Vor dem Losgehen in Richtung Kathedrale traf ich in der kleinen Küche noch Pilger aus der Tschechei, ein Mann, seine Frau und seine Schwägerin, alle jenseits der Siebzig, aber sehr rüstig. Im Schnitt 40 Kilometer sind sie gegangen, der Jakobsweg war schon immer ein Ziel gewesen, in diesem Jahr haben sie es gemacht. Sie wollten noch zur Pilgermesse bleiben und übermorgen zurück in die Tschechei fliegen. Paul kam dann kurze Zeit später auch vorbei, so dass wir dann in die Altstadt gingen. Wegen Ostern war Santiago eh voll, aber die vielen Pilger waren das prägende Bild, in den Strassen und den Bar´s und Restaurant´s. Die Geschäfte hatten auch noch auf, die Internetcafe´s waren voll mit Pilgern, die sich wieder mit dem Rest der Welt vernetzten. Ich war immer noch neben mir, zu viele Dinge gingen in meinem Kopf rum, irgendwie hatte meine Ankunft auch viel mit dem Abschied vom Camino, der ja hier sein Ende fand, zu tun. Auch die Gespräche mit Mitpilgern hatten einen anderen Inhalt. Drehte sich auf dem Camino eher alles um das Heute erlebte oder den Weg am morgigen Tag, so waren die Inhalte jetzt eher geprägt davon, was sie machen würden, wenn sie wieder zu Hause wären, der „normale" Alltag stand wieder im Vordergrund. Ich hatte ja noch ein paar Tage und die wollte ich nicht in Santiago verbringen, das wusste ich. Für den Camino Portugues ab Porto würde es knapp werden, insbesondere dann, wenn ich die Pilgermesse besuchen wollte. Ein paar Mitpilger hatten mir erzählt, dass morgen um 12 Uhr eine stattfinden würde, weil heute soviel Pilger ihre Compostela geholt hatten. Eine Pilgermesse findet dann statt, wenn weit mehr als 100 Pilger sich an einem Tag Ihre Compostela abgeholt haben oder in 2 Tagen eine etwas größere Zahl erreicht wird (die Kathedrale erfährt dies vom Pilgerbüro abends) oder aber jemand oder eine Gruppe der Kathedrale einen bestimmten Betrag spendet. Zum Ende des Tages hin entschied ich mich dann für den Weg nach Cabo Fisterra, Paul wollte ebenfalls noch dort hin und so beschlossen wir, uns nach der Messe dorthin auf den Weg zu machen. Ich konnte dem ganzen Treiben in der Altstadt nicht soviel abringen und so machte ich mich kurz nach 20 Uhr auf zum Seminario Menor.

12.4. zweiunddreißigster Tag: ca. 24 KM
Santiago de Compostela – Carballal – Augapesada – a Ponte Maceira – Negreira

Am nächsten Tag verließ ich mit Paul gegen 08.45 Uhr das Seminario Menor und gingen zur Altstadt um dort noch was frühstücken zu gehen. Die angebotenen regionalen Spezialitäten, die man in den Geschäften in der Altstadt angeboten bekommt (Mandelkuchen, Schokolade, Plätzchen, Kräuterlikör, Schokoladen etc.) probierten wir auf dem Weg zur Kathedrale, bis auf den Likör, immer auch verbunden mit einem Gespräch. Als wir um 11.15 Uhr ankamen, gab es in der Kathedrale bereits keine Sitzplätze mehr, auch der Platz bis vorne war voll von Pilgern, die sich links und rechts der Bänke auf den Boden gesetzt hatten. Noch war eine gespannte und ruhige Stimmung, begleitet von Wiedersehen und Begrüßungen der Pilger, das dann ganz erlosch und einer sofortigen Ruhe wich, als um 11.45 Uhr die Orgel einsetzte, etwas später wurden die Klänge von Gesängen begleitet und von dem Einzug der Priester. Das Innere der Kathedrale ist immens groß und trotz der Vielzahl der Leute, die da waren, kommt man sich verloren vor angesichts der Dimensionen des Innenraumes. Ich habe schon einige Gottesdienste erlebt, aber was hier passiert, ist nicht vergleichbar. Die gewaltige Orgelmusik und die Gesänge durchfluten den Körper, der Körper ist wie ein Resonanzboden für die Klänge, man spürt körperlich eine Wirkung der Orgel, so, als wäre man selbst Teil der Akustik. Man spürt, dass etwas mit einem passiert, weiß aber nicht was, man nimmt nur die Wirkung auf sich wahr, die Schwingungen der Orgelmusik ergreifen Besitz von dem Körper und lösen Gefühle aus, denen man sich nicht entziehen kann. Ich weiß nicht warum, aber bei einigen Pilgern flossen hemmungslos die Tränen und auch bei mir war es kurz davor, ohne irgendeinen Grund. Ich habe mich später darüber mit vielen noch unterhalten, die meisten empfanden es ebenso, ein Berührt sein von der Musik und den Klängen, eine Form der Vertrautheit aus ferner Zeit oder frühem Leben, das wieder hochgespült wird, ein Gefühl von Größe und Universum. Wenn dann die Tomba, der mit Weihrauch und Myrthe gefüllte und rauchende, riesengroße Behälter von den Mönchen gleichzeitig hochgezogen und in eine Richtung zum Schwingen in die Seitenschiffe gebracht wird, ist das faszinierend. Die Pilgermesse ist ein beeindruckendes Erlebnis, völlig unabhängig davon, ob man in der Kirche oder gläubig ist, das nachwirkt und das für mich zu den „must do" Dingen gehört, die man in seinem Leben einmal erlebt haben sollte. Nach der Messe leerte sich die Kathedrale nur langsam, viele gingen noch durch die Kathedrale, die Seitenflügel, in die Krypta des heiligen Jakob.

Um 15.30 Uhr nach dem Wiedersehen mit anderen Pilgern und noch einen Kaffee ging ich mit Paul los in Richtung Negreira, zur ersten Herberge auf dem Weg nach Cabo Fisterra. Auf dem Weg raus aus der Stadt besorgten wir uns noch etwas zu essen und Wasser für unterwegs. Die Strecke ist bis auf den ersten Teil, der durch Santiagos Vorstädte führt, sehr schön und lässt sich auch gut gehen. Da es schon spät war, als wir losgegangen sind, gingen wir sehr zügig, es war schön, wieder in der Natur zu sein, schmale Wege, mitten durch Wälder, vorbei an kleinen Bächen und Flüssen, es machte Spaß, wieder zu laufen, wir beschränkten uns auf ganz wenige, kleine Pausen. Ab und zu hatten wir Kontakt mit kleineren Strassen und es ging durch einige Dörfer oder ganz kleine Städtchen. In A Ponte Maceira machten wir vor der Überquerung der Brücke Rast in einer Bar, ich ging dann von da aus kurz zu einem Bereich des gestauten Wassers und ließ meine Füße für eine Weile im erfrischenden, kalten Wasser. Hier war ein sehr schöner Ort um Rast zu machen, die Sonne schien und löste die Bewölkung des Tages mehr und mehr auf. Aber wir konnten nicht lange bleiben, wir waren spät dran, die Herberge in Negreira war nicht groß und wir wussten nicht, wann sie schließt. Der weitere Weg entlang des Flusses lief sich gut und wir gingen noch zügiger. Das war gut so, denn wir waren erst gegen 21.30 Uhr in der kleinen Herberge von Negreira, die 20 zur Verfügung stehenden Betten waren mit unserer Ankunft dann auch alle belegt. Da die Herberge um 22 Uhr schloss, war es zu spät, noch etwas essen zu gehen, es war Ostersonntag und in Negreira hatten wir auch auf dem Weg zur Herberge keine Bar gesehen, die geöffnet hatte. In der kleinen Küche hatten Mitpilger noch etwas zu essen übrig, das musste reichen, Frühstück, ein Schokoriegel und noch ein paar Nudeln in der Herberge waren ja auch was. Mit den Mitpilgern unterhielt ich mich noch eine Weile, ging dann aber früh ins Bett, die morgige Tour mit ca. 34 KM und einer auch nur kleinen Herberge am Ende sollte früh beginnen.

13.04. dreiunddreißigster Tag: ca. 34 KM
A Pena – As Maronas – Corzon

Ich bin früh aufgewacht, nach einer Dusche und einem Kaffee war ich bereits um 07.30 Uhr raus aus der Herberge, die Herberge in Olveiroa hat etwas mehr Betten als Negreira mit nur 20 Betten, aber 34 Betten sind auch nicht soviel, zumal viele Pilger auch nach Santiago nicht mehr alles zu Fuß gehen, sondern sich zwischendurch der Busse und Taxen bedienen und mit dem Pilgerpass eine preiswerte Übernachtung in den Herbergen suchen. Die erste halbe Stunde des Weges gehörte ganz dem Regen, der mich aber auch den ganzen Weg immer wieder begleitete, mal extrem stark oder aber, in den Waldstücken nicht ganz so stark, dafür mit Nebel, ab und zu war es nur bewölkt und die wenigen Minuten mit Sonne waren eine Wohltat. Dieser Teil erinnerte mich an die Wegstrecke vor und nach dem O`Cebreiro, lediglich gehagelt hatte es noch nicht. Ich ging bei starkem Regen meist leicht vorgebeugt, den Blick auf die nächsten Meter des Weges gerichtet, die regendichte Jacke sorgte dafür, dass das Kondenswasser der Körpertemperatur das Wasser innen die Jacke langlaufen ließ und die Sachen unter der Regenjacke ebenfalls nass waren. Die Schuhe hielten bisher dicht, denn schnell bildeten sich auf den Wegen Schlammpfützen oder liefen Sturzbäche über den Weg. Ich ging sehr zügig und ohne Pausen, die erste Rast war gegen 11 Uhr, wo ich mich mit Kaffee aufwärmte und 2 Spiegeleier mit Brot als Frühstück bekam. Auf der Toilette habe ich mich dann noch kurz umgezogen, weil die Sachen nass waren. Ich brach zügig nach der Pause auf, es regnete wieder stark und ich setzte meinen Weg fort. Irgendwo unterwegs in Höhe eines Dorfes mit einer Beschilderung nach Sta. Combo und einer Kilometerangabe im einstelligen Bereich stellte ich fest, dass ich mich wohl verlaufen habe, keine gelben Pfeile mehr, aber das war auf diesem Teil oft so, so dass ich mir nichts dabei dachte, aber der zeitweise Dauerregen hat mich wohl auch nicht so aufmerksam nach den gelben Pfeilen suchen lassen, kurz und gut, ich war jetzt auf einem Weg, der nichts mehr mit meinem Ziel zu tun hatte. In einem Laden fragte ich nach und gönnte mir einen Schokoriegel. Die Wegbeschreibung, die ich dann bekam, war schlicht und ergreifend falsch, das stellte ich fest, als ich kurz vor Brandomil war. Die letzten 2 – 3 Stunden lief ich parallel entlang einer breiten Straße, mitunter wie bei einigen anderen Wegstrecken, bis dahin auch nicht so ganz ungewöhnlich. Irgendwie hatte ich aber auch ein mulmiges Gefühl, konnte nicht glauben, dass ich hier richtig ging. Aber was tun? Ich beschloss erstmal weiter zu gehen, dann kam an einer Kreuzung eine Bar, ich bin dann rein, habe eines Kaffee getrunken und ein Bocadillo gegessen. Wenn ich die Blicke der Gäste hier richtig deutete, waren Pilger hier eher nicht die Regel. Ich fragte nach und man gab mir zu verstehen, ich sei hier völlig falsch, weit ab des Pilgerweges, aber ich solle in Richtung Baines gehen, dann um den Staussee herum, dann käme ich nach Olveiroa, aber es sei noch sehr weit. Gut, war das auch geklärt, das vermeintlich frühe Ankommen in der Herberge in weite Ferne und dazu noch ca. 3 - 4 Stunden umsonst im strömenden Regen gelaufen. Der Blick von der Bar raus, nachdem ich gezahlt hatte, gab mir zu verstehen, dass sich auch nichts ändern würde, wenn ich weiterging. Also los und weiter, abseits des Jakobsweges dann entlang der Strasse, weder schön noch angenehm. Es dauerte doch noch etwas über 2 Stunden, ehe ich dann in Baines war. Ich war die ganze Zeit nun sehr zügig gegangen, hatte das Tempo forciert, das Wetter spielte mit, es war mehr und mehr nur noch bewölkt, der Regen zwar noch da, aber nur noch ab und zu und nicht so stark. Mit dem Wetter stieg meine Laune, ich wollte nur noch ankommen und den Tag beendet wissen, zumindest, was das Gehen anging. So war ich doch noch einiges weg von Olveiroa zu der Zeit, wo ich schon da sein wollte. Die Zeiten ohne Regen weckten wieder mein Interesse an der Umgebung, so dass das Gehen kurzweilig war. Es waren nur noch wenige Kilometer bis zur Herberge, als das Ortsschild von Olveira auftauchte, passend dazu fing es wieder an zu regnen. Es war mir egal, eine heiße Dusche lockte. Ich ging zügig weiter, es war so gegen 17.30 Uhr, da hörte ich hinter mir eine Stimme rufen. Ich wollte weiter, sah mich aber um, kein bekanntes Gesicht, ich glaubte an einen Irrtum und ging weiter. Eine Frau kam hinterher gerannt und fragte, ob ich einen Kaffee mit ihr trinken wolle. Ich sagte, ich müsse zur Herberge und außerdem hätte ich kein Geld, aber sonst gerne. Ich wäre eingeladen, Sie hätte mich jetzt schon das zweite Mal an diesem Tag gesehen und ich sei ihr aufgefallen. Ich hatte tatsächlich so gut wie kein Geld mehr, in Santiago habe ich bei gemeinsamen Essen immer schon mit der Kreditkarte gezahlt und mir zusätzlich zur Rechnung noch 20 € aufschlagen und auszahlen lassen, und von anderen Pilgern das Geld Ihrer Rechnung bekommen. Ich war meiner Meinung nach mit ausreichend Geld losgegangen, aber das waren pro Tag auch nur 30,- €, eigentlich genug, aber am Anfang oft die 2 Pilgermenüs am Tag, die Kaffee´s zwischendurch, Wein, Bocadillos, Zigaretten, irgendwie war das Geld schneller ausgegeben als erwartet, die Kreditkarte fungierte nur als Notreserve. Aber ich wollte jetzt keine unnötigen Ausgaben mehr haben. Im Cafe stellte Encarna mir Joaquin vor, ihren Mann, der in den USA Kunst und Kunstgeschichte studiert hatte und jetzt als Dozent an der Uni arbeitete, Encarna selbst studierte Philosophie und saß an Ihrer Diplomarbeit. So entwickelte sich ein interessantes Gespräch über Geschichte, Philosophie, Sinn, den Jakobsweg und Spiritualität. Nach einer Stunde wollte ich noch nicht los, wollte aber zumindest sicher sein, ein Bett für die Nacht zu haben, Encarna und Joaquin boten an, mich zur Herberge zu fahren, verlockend, aber ich lehnte ab, ich wollte ja jeden Meter gehen. Ich schlug vor, dass sie mich gerne in einer guten Stunde dort abholen könnten. Ja, das wäre gut, wenn Ihr Wagen aus der Werkstatt kommen würde, wollten sie mich abholen und mir die Küste zu zeigen. Ich willigte gerne ein und ging los. Es gab noch freie Betten, eine Stunde später waren Encarna und Joaquin auch schon dort. Als wir losgefahren sind, kam uns Paul entgegen, ich fragte, nachdem ich Encarna und Joaquin gefragt hatte, ob es ihnen recht sei, ob er auch mit wollte, die Küste und ein paar schöne Orte sehen, Encarna stammte aus einem kleinen Dorf bei Muxia. Er sagte ja, wir fuhren zur Herberge, Paul checkte ein und los ging´s. Es war schon ein sehr komisches Gefühl, wieder in einem Auto zu sitzen und zu fahren, nachdem man 4 Wochen nur gegangen ist. Zumal Encarna zu den sehr zügigen Fahrerinnen zählte, aber es war für mich, wie das Katapultieren in eine andere Zeit, alle Sinne waren rund um das Gehtempo harmonisiert und nun Geschwindigkeiten von teilweise etwas mehr als 90 Kilometern. Schon komisch ein Straßenschild zu sehen, auf dem der nächste Ort mit 15 KM angegeben ist und man ist bereits in weniger als 15 Minuten da, auf dem Camino wären es ca. 3 Stunden gewesen. Ich fühlte mich zwar sicher, aber doch unwohl und bat Encarna etwas langsamer zu fahren. Es sollte einer der schönsten Abende des Jakobsweges werden, die Küste entlang, den Sonnenuntergang am Meer, danach in Muxia am Hafen ein unvergleichliches Essen direkt am Hafen mit Blick auf die Bucht, wo wir ein großes Feuerwerk erlebten, anschließend fuhren wir noch zu Encarna und Joaquin, nachdem ein Spezialitätenrestaurant, zu dem sie uns fahren wollte unerwartet geschlossen hatte. Sie bereitete selbstgemachte Spezialitäten aus der Region zu, alles aus eigener Erzeugung, dunkles Rosinenbrot, normales Brot und ein spezielles Olivenöl einer besonderen Sorte, die mir bis dahin unbekannt war, danach Bratkartoffeln, Spiegeleier, Schweinebraten, gebratene Austernpilze, eingelegte Gurken, Frischkäse, Salat, dazu von der Familie selbstgekelterter Wein, hinterher süßes Brot mit selbstgemachter Marmelade, Kaffee und Aguardiente, selbstgebrannt. Es war bei weitem das Allerbeste des ganzen Jakobsweges, es war das kulinarische Paradies, verbunden mit einer Herzlichkeit, die ich nur selten erlebt habe. Sie brachte uns dann um 01.30 Uhr zur Herberge, weil mir doch jetzt schon die Augen zufielen. In der Herberge angekommen, ging es unmittelbar ins Bett, ich war hundemüde und schlief direkt ein, nur ab und zu aufgewacht, weil viele andere Pilger in der Bar unmittelbar bei der Herberge gefeiert hatten, die letzten kamen gegen 04 Uhr morgens in den Schlafraum.

Encarna

Encarna war ca. 1,80 m groß schlank und zierlich, Sie war eine beeindruckende Persönlichkeit, Ihre Art war unaufdringlich, sie dachte nach, bevor sie etwas sagte, das Gesagte hatte Substanz. Gleichzeitig hatte sie trotz ihrer natürlichen Art eine spontane Ader, folgte ihren Eingebungen und ihrer Intuition. Sie beschäftigte sich mit vielen Dingen und war in vielen Bereichen zu Hause. Sie saß gerade an ihrer Diplomarbeit in Philosophie, beschäftigte sich mit Geschichte, Kunstgeschichte, Riten und Bräuchen der Naturvölker und engagierte sich im Umweltschutz. Sie hatte nie vergessen, wo ihre Wurzeln lagen, widmete sich der Geschichte Galiziens und dem Umfeld, das sie umgab. Sie war in einem kleinen Dorf mit 60 bis 70 Bewohnern aufgewachsen, lernte von klein auf, wie man einen Garten bewirtschaftet, wie man mit Rindern, Schweinen, Schafen und Ziegen umgeht, Olivenöl macht, welche Pflanzen bei welchen gesundheitlichen Problemen wie anzuwenden sind. In der Familie wurde fast alles selbst angebaut und hergestellt, auch Honig gemacht, ein anderer Teil der Familie war mit der Fischerei beschäftigt, auch hierbei eignete sie sich alles Notwendige an. Sie war auch gleichzeitig jemand, der mit sehr wenig auskam, das was sie hatte, teilte sie zudem noch mit denen, die weniger hatten. Sie war, was ihre persönliche Lebensführung angeht bescheiden und dankbar und glücklich über jeden Tag. Sie hatte nicht verlernt, sich an den kleinen Dingen zu erfreuen. In ihrem Studium war sie sehr wissbegierig und akribisch. Trotz meines nur noch sehr rudimentär vorhandenen Spanisch und ihrem besseren Englisch als meinem Spanisch verstanden wir es uns ausgezeichnet zu unterhalten. Die Gespräche waren sehr interessant, zumeist drehte es sich um Philosophie, Lebenseinstellung und –weise, Geschichte und Umweltschutz, in der Form als Beibehaltung und Nutzung der Ressourcen dauerhaft. Zugleich verstand sie es eine angenehme, warme und herzliche Atmosphäre herzustellen, bei ihr zu Hause fühlte man sich wie zu Hause. Auch bei ihr war es so, dass das Eis schnell gebrochen war, ich war anfänglich etwas zögerlich, ich war es nicht gewohnt, mal eben einfach so angesprochen zu werden, aber der Kontakt wurde schnell dann so, als würde man sich schon ewig kennen. Der Kontakt zu ihr besteht noch heute, er wurde noch mal intensiviert, als ich mit meine Kindern den portugiesischen Jakobsweg gegangen bin und wir alle zusammen 3 Tage ihre Gäste sein durften. Danke dafür noch mal an dieser Stelle!

14.04. vierunddreißigster Tag: ca. 33 KM
Hospital – Cee – Sardineiro de Abaixo – Fisterra

Obwohl die Nacht lange war, bin ich früh aufgewacht und habe die Herberge um 9 Uhr bereits verlassen. Paul wollte noch länger schlafen, wir wollten uns dann später in der Herberge in Fisterra treffen. Es regnete in einer Tour, die kleine Bar direkt bei der Herberge hatte schon auf, ich beschloss, hier erstmal zu frühstücken und etwas besseres Wetter abzuwarten. Mit dem Warten auf besseres Wetter lag ich verkehrt, so ging ich um 10.30 Uhr los, es regnete ununterbrochen. Diese Etappe ist für mich eine der schönsten des Camino. Von der Herberge aus geht es fast direkt auf kleinen Wegen in die Berge, der erste Kontakt mit einer Straße und einem Ort ist erst wieder in **Cee**. Der erste Teil, besonders bei Regen zeichnet sich am Anfang in den Bergen mit vielen kleinen, glatten, grün glänzenden Steinen aus, man geht teilweise entlang eines kleinen Flusses und überquert ihn. Später dann geht es weiter, aber die Landschaft ändert sich etwas, man erreicht das erste Dörfchen, etwas später folgt dann ein erster Kontakt mit kleinen Straßen, dann erreicht man eine Kapelle, etwas später wieder in die Berge, bevor man dann kurz vor Cee ist und zum ersten Mal das Meer sieht. Für mich besonders schön, weil ich gegen 15 Uhr dort war und alle Kirchen in der Nähe die Glocken läuteten, es aufhörte zu regnen und ich ein paar Fotos machen konnte. Es war umwerfend nach fast ununterbrochenen Regen der Blick auf das Meer und 15 regenlosen Minuten. Etwas später aber wurde alles nachgeholt, es hagelte und regnete in Strömen. Der weitere Weg durch Cee passiert ausschließlich auf Straßen, der fast permanente

Blick auf das Meer entschädigt aber für Vieles, der weitere Weg über **Corcubion** und **Sardineiro de Abeixo** führt mehr oder weniger entlang der Küste, oft aber entlang oder parallel zur Straße, weniger schön. Obwohl es bis auf vielleicht 30 Minuten ununterbrochen regnete, machte es mir heute nicht soviel aus. Allerdings hatte ich beim Durchqueren einer der vielen Sturzbäche gemerkt, dass meine Wanderschuhe nicht mehr dicht waren. Es war nicht nur unangenehm mit nassen Strümpfen zu laufen, es fing auch an zu scheuern, gut, dass ich schon so weit war, ansonsten wären Blasen die zwangsläufige Folge gewesen. Etwas mehr Glück mit dem Wetter hatte ich, als ich Fisterra erreichte, es regnete nicht mehr und die Sonne kam endlich raus. Um 18.30 Uhr erreichte ich die Herberge, die Herbergsmutter führt ein strenges Regiment, bei den Aufnahmeformalitäten erhält man auch eine Art Compostela. Die Herberge ist schön und zentral gelegen, es gibt einen Aufenthaltsraum und eine winzige Küche, die Sanitäranlagen sind gut. Nachdem ich mir ein Bett gesucht hatte, sprang ich schnell unter eine heiße Dusche, herrlich, wenn alle Sachen nass waren. Die Sachen wusch ich und hängte sie dann zum Trocknen raus. Hier traf ich vor dem Einkaufen auch noch Bernhard im Aufenthaltsraum, wir verabredeten uns für später, ich kochte und Bernhard steuerte den Wein bei. Paul hatte wohl einen Riecher für Essen, er kam, als ich mit dem Kochen anfing, ich kochte für eine Person mehr, Paul besorgte noch Wein. Da die Herbergsmutter peinlich genau kontrollierte, dass alle um 22 Uhr wieder da waren und die Herberge vorne zuschloss, war nur der Zugang zum Innenhof nicht verschlossen, allerdings lediglich von innen, was von einigen Pilgern dann auch genutzt wurde. Nach dem Essen folgte ein kleiner Gang durch Fisterra, der Abend wurde dann noch bei einem Glas Wein im Aufenthaltsraum und später, ab 22 Uhr noch für eine halbe Stunde auf dem Innenhof fortgesetzt. Dann war ich aber entsprechend müde und bin ins Bett gegangen.

15.04. fünfunddreißigster Tag: Fisterra

Ich war an diesem Tag recht früh auf, die Sachen waren schnell zusammengepackt, es folgte der obligatorische Kaffee, den ich im Aufenthaltsraum getrunken habe. Bald darauf kam auch schon die Herbergsmutter und machte unmissverständlich klar, dass ich nur begrenzt Zeit hatte, 9 Uhr sei der Termin zum Verlassen der Herberge. Nach Santiago wollte ich noch nicht, da war mir Fisterra mit dem schönen Hafen lieber. Ich schaute im Herbergsverzeichnis der Pilgerfreunde aus Paderborn nach, um zu sehen, welche Alternative es gab, um noch eine Nacht zu bleiben. Es sollte der Hogar de Miguel werden, so machte ich mich, nachdem ich mich mit Paul in einer Stunde am Restaurant am Hafen treffen wollte, von dort aus hat man einen ungestörten und herrlichen Blick auf den Hafen. Ich machte mich auf, ließ meinen Rucksack da und ging wieder zum Hafen. Paul verspätete sich, er war noch am Kap, wo Pilger versucht hatten, gemäß der alten Tradition ihre alten, nicht mehr gebrauchten Sachen zu verbrennen, ein eher symbolischer Akt, aber der starke Wind ließ alle Versuche scheitern. Ich wollte meinen letzten Tag hier gemütlich ausklingen lassen, alles sacken lassen bei dem Blick auf den Hafen und es mir gut gehen lassen. Ich hatte zwar ein paar Tage Reserve eingeplant, falls eine Verstauchung oder auch Blasen an den Füssen einen 2 – 3 tägigen Aufenthalt erforderlich machten, aber die Zusatz- oder Ersatztage hatte ich nicht gebraucht, ich bin sogar bis Fisterra gekommen, ohne großartige Blessuren oder Stress, es ergab sich alles, mal Tage mit vielen Kilometern, dann wieder Tage mit wenig Kilometern.

Und jetzt saß ich hier im Restaurant und guckte auf den Hafen. Es war zwar sehr windig draußen, aber es regnete nicht, so schrieb ich noch weiter im Reisetagebuch und ließ den Weg noch mal im Geiste an mir vorbeilaufen. Ich hatte unglaubliche Dinge erlebt, jeder Tag war geprägt von anderen Erlebnissen und Eindrücken und am Schluss waren es fast 1.000 Km, die ich gegangen bin. Ich hatte viele Leute kennengelernt, die den Jakobsweg eher als eine Art sportliche Herausforderung sehen, sie sind zwar die gleiche Strecke gegangen, aber nicht den Jakobsweg, weil vorher schon alles exakt geplant war, die Kilometer der Tour, die Pausen, die Herberge, selbst die Teile, die dann mit Bus oder Bahn absolviert wurden. Und genau die waren es auch, die nicht glauben konnte, was ich erlebt habe. Der Plan hatte Vorrang vor dem Weg, kein Wunder, dass die Umgebung Details und Mitpilger nicht wahrgenommen wurden. Egal, jetzt war ich hier und fühlte mich privilegiert, nach dem Jakobsweg hier sitzen zu können und das Treiben im Hafen zu beobachten. Paul wollte heute schon wieder zurück nach Santiago, sein Bus ging erst um 16.45 Uhr, so beschlossen wir nichts mehr zu machen, sondern die Zeit hier zu verbringen. Da Paul noch Bargeld hatte, fragte ich Ihn, ob er mir das Geld für seinen Verzehr geben könne, ich würde dann seinen Teil mit der Karte zahlen. Mit dem Restaurant hatte ich es schon vorher geklärt, ab einem Betrag von 25,- € könnte ich auch 20,- € noch in bar ausgezahlt bekommen. So weit so gut, Paul war auch in der Laune dazu, so beschlossen wir es krachen zu lassen. Wir wollten uns zwar morgen Abend noch zwischen 17 und 18 Uhr in Monte Gozo treffen, aber morgen ist morgen und jetzt ist jetzt. Hatte ich bisher 2 – 3 Kaffe gehabt, ließen wir uns jetzt die Speisekarte bringen. Es war gegen 11.30 Uhr, ich hatte nichts gefrühstückt und Hunger. Wir hatten uns verständigt gemeinsam was zu bestellen und jeder aß dann davon so viel wie er mochte. Brot, Ajoli und Oliven eröffneten den Reigen, es folgte eine Fischsuppe, Calamares und Salat, sowie Reis und Patatas fritas, Rindfleisch mit Salat, dazu gab es eine Flasche guten Rotwein. Als Nachtisch folgte ein Flan de Chocolate mit Sahne und Mandeln, Kaffee und ein Carlos I. Es war noch keine Saison, so waren wir bis auf zeitweilig andere Gäste allein. Wir ließen uns Zeit, redeten, aßen weiter, es war entspannt und locker. Die Zeit verging schnell, dann verabschiedeten wir uns, Paul ging zur Bushaltestelle in unmittelbarer Nähe, ich blieb noch, erfreute mich des Blickes auf den Hafen und freute mich des Lebens, guckte mir die Fotos vom Camino an und schrieb am Tagebuch weiter. Etwas später, gegen 18 Uhr, kam noch Ariane aus Hamburg rein, wir hatten uns in Negreira kennengelernt, wir redeten dann noch über ihre

Erfahrungen mit dem Jakobsweg und aßen noch zusammen hier zu Abend, auch sie hatte nichts dagegen, wenn sie mir das Geld gab und ich mit der Karte bezahlen würde. Gegen 22 Uhr zahlte ich, es war ein wunderschöner Tag gewesen, ich hatte wieder etwas Bargeld für das Busticket, die Herberge hier und in Monte Gozo, alles war schön. Im Hogar de Miguel duschte ich noch kurz und ging dann direkt ins Bett.

16.-19.04. sechs- bis neununddreißigster Tag: Santiago de Compostela

Ich konnte gut schlafen, habe mich gegen 9.30 Uhr geduscht, fertig gemacht, schon alles zusammen gepackt und dann zum Frühstücksraum, Kaffee getrunken und etwas Brot mit Marmelade gegessen. Dann habe ich mich zur Bar gegenüber der Bushaltestelle am Hafen begeben, mit einem eher sentimentalen Blick auf den Hafen beobachtete ich, wie mit Pontonschiffen die Pfeiler für die Stege im Hafenbecken eingepflockt und befestigt wurden. Wieder ein Abschied und obwohl der Jakobsweg ja schon in Santiago geendet hatte, der Weg nach Hierhin nur eine Verlängerung war, um das Gefühl für das Gehen nicht zu verlieren und wieder auf dem Weg zu sein, es war etwas anders, eher so etwas wie eine gefühlte Abwicklung von etwas Erlebtem. Santiago war eh nur noch die Zwischenstation für die Rückkehr nach Hause. Dieses Nach Hause löste gemischte Gefühle aus, der Jakobsweg war mein Zuhause geworden, mein altes Zuhause war eher bestimmt davon, mir wichtige Leute wiederzusehen, aber der Alltag war noch weit weg und auch kein erstrebenswerter Zustand mehr, so wie er geartet war. Ich fühlte mich eher so wie in einem Transitraum, von einem Punkt weg und beim anderen Punkt noch nicht angekommen. Nicht mitten im Nirgendwo, aber irgendwo zwischen. Ein etwas schales Gefühl ... Es war bewölkt, aber regnete nicht und ab und zu ließ sich die Sonne blicken. Ich nahm den Bus um 11.45 Uhr, die Fahrt ist sehr zu empfehlen, sie führt über kleine Dörfer, eine Art

Lumpensammler (so nannten wir früher Busse, die alle möglichen Orte anfuhren, damit jeder aus der näheren Umgebung auch die Chance hatte mitzukommen) der mich die Landschaft und Gegend neu und anders erfahren ließ. Ich hatte mich mit Paul zwischen 17 und 18 Uhr in Monte Gozo verabredet, wir wollten dort noch den Camino ausklingen lassen und uns voneinander verabschieden, morgen wollte ich dann zurückfliegen. Am Busbahnhof angekommen, ging ich noch mal in die Altstadt und zur Kathedrale, wo ich Bernhard wiedertraf. Er wohnte auch in Monte Gozo, wir gingen gemeinsam dorthin. Dort angekommen, wusch ich all meine Sachen noch durch, hing sie zum Trocknen auf, es war sehr windig – so ging das Trocknen schnell, duschte mich, packte den Rucksack noch mal um und ging nach draußen. Bernhard kam etwas später auch noch, aber von Paul keine Spur. Bernhard fragte mich, ob wir was gemeinsam essen wollten und ob ich mit ihm dann nachher noch etwas Rotwein trinken wolle, er hätte Geburtstag. Ja, das ginge in Ordnung, auf was er Lust hätte, ich würde dann was einkaufen gehen. Ich machte mich auf, es war gegen 17 Uhr und kaufte oberhalb der Herberge im Lebensmittelladen was ein, auch einen kleinen Kuchen, die symbolische Geburtstagstorte. Beim Kochen erzählten wir, wie wir die Zeit erlebt hatten. Er bekam noch einen Anruf von seiner Frau auf sein Handy, er hielt immer Kontakt zu seiner Frau, auch auf dem Weg. Ich ging dann noch mal vor zur Rezeption, Paul war noch nicht da, so verbrachte ich mit Bernhard seinen 68. Geburtstag. Da er nicht recht wusste, wie er zum Flughafen kommen sollte, beschlossen wir, morgen gemeinsam hinzufahren, sein Flug ging am frühen Nachmittag, meiner am frühen Abend, mir war relativ egal, wo ich die Zeit verbrachte, je eher ich da war, um so besser. Der Abend wurde nicht sehr spät, ich verstaute die trockenen Sachen noch im Rucksack und legte mich hin. Nach einem Frühstück in der Cafeteria und noch einiger Zeit vor der Herberge an der frischen Luft, machten wir uns beide auf den Weg, die Busse fuhren in einem Abstand von 20 Minuten und Eile war nicht von Nöten. Trotzdem waren wir früh dran, wir setzten uns dann noch vor den Flughafen in die Sonne, als

Bernhard einchecken konnte, beschloss ich auch, mein Gepäck schon aufzugeben. Aber am Schalter hatte man mich nicht auf der Liste, man schickte mich zum Fluglinienbüro. Ich präsentierte mein Ticket, die Kontrolle ergab, mein Flug würde erst am 19.04. gehen, so, wie gebucht. Ich versuchte eine Umbuchung, 2 weitere Tage in Santiago ohne Geld machten keinen Sinn, der Weg war zu Ende, dann doch lieber nach Hause und dort noch 2 Tage in Ruhe verbringen. Aber es gab keine freien Plätze mehr, heute nicht und auch nicht morgen. Von den 10,- €, die ich noch hatte, hatte ich am Flughafen noch Tabak gekauft, der Rest war für einen Bus vom Flughafen zu meiner Schwester. Ich ging erstmal wieder vor den Flughafen an die frische Luft, wo Bernhard schon auf mich wartete. Ich erzählte ihm meine Geschichte, Bernard guckte in sein Portemonaie und gab mir dann 5,- €, die er über hatte. Wir erzählten noch eine Weile, ich wartete seinen Flug ab, verabschiedete mich von ihm und machte mich dann zu Fuß auf den Rückweg nach Monte Gozo. Ich hatte eher das Gefühl von einer Zwangspause, war gefühlsmäßig schon auf dem Rückweg und nun aber wieder 2 Tage in Santiago. Ich bezahlte für die Nacht in Monte Gozo und machte mich auf den Weg nach Santiago, hoffte dort, so über die Runden zu kommen wie in Fisterra. Zunächst nahm ich jede Einladung der regionalen Läden an, Mandelkuchen, Schokoladenkuchen, Mandelmasse etc. zu kosten, ich hatte Hunger und kein Geld. Viele kannten mich noch, mit vielen Anderen unterhielt ich mich, über den Jakobsweg und andere Dinge. Es war wichtig, wie sich später zeigte, denn hier war morgens immer die erste Anlaufstation der nächsten 2 Tage, mein Frühstück, nachdem ich von Monte Gozo kam. Ich streifte herum, immer in der Altstadt und der Nähe der Kathedrale, traf Pilger, die ich unterwegs getroffen hatte und unterhielt mich mit ihnen. Am Abend ging ich dann den Weg vom Pilgerbüro runter, in der Nähe der engsten Gasse von Santiago fand ich bei den Kolonaden ein gutes spanischen Restaurant, von außen erkennbar war, dass man mit Kreditkarte zahlen konnte. Ich ging rein, von innen herrlich, und von dem Eindruck her, als wäre alles seit fast 100 Jahren unverändert geblieben. Ich fragte nach, ab welchem Verzehr ich mit der Karte zahlen könnte und fragte, da ich Geld benötigte, ob ich mir etwas zusätzlich auszahlen lassen könne. Er fragte bei seiner Chefin nach, ab einem Verzehr von 25 € könnten noch 20 € auf die Rechnung gesetzt werden, die ich mir auszahlen lassen könne. Ich bestellte was zu essen, etwas Rotwein, danach noch Kaffee und Carlos Primero, nutze die Zeit, Zeitung zu lesen, im Tagebuch zu schreiben und mir die Gäste anzugucken. Das Trinkgeld gestaltete ich großzügig, morgen musste es ja noch mal so funktionieren, nur eben schon ab mittags. Gegen 22 Uhr machte ich mich auf den Rückweg nach Monte Gozo. Gut, dass alles so problemlos geklappt hatte, ich hatte einen schönen Abend verbracht, der Rückweg war mir bestens vertraut und nicht so lang, nach einer Dusche legte ich mich direkt ins Bett. Das frühe Aufstehen des Camino setzte sich an meinem letzten vollen Tag in Santiago durch, um 6 Uhr war ich bereits wach. Was mir fehlte, war dann, nach einem Kaffee, das Losgehen und mich darauf zu freuen, was mich heute erwartete. So blieb es bei der Routine. Duschen, Anziehen, in die Küche einen Kaffee machen. Was fehlte, war der Rest, der danach kam und den ich während des Camino so geschätzt habe, das Leben reduziert auf ein paar Dinge, Zeit für mich, Zeit für und mit Anderen. Zeit, Ruhe und Aufmerksamkeit für das, was mich umgab, ohne dass Zeit eine Rolle spielte. Den Kaffee nahm ich mit raus, rauchte eine und guckte, wie das Wetter war und hing meinen Gedanken an den Jakobsweg nach. Ich machte mich danach dann direkt auf nach Santiago, wieder zu den Läden, bei denen ich wieder herzlich empfangen und bewirtet wurde. Das Wetter spielte mit, so setzte ich mich danach auf die Treppen der Kathedrale, die dem Pilgerbüro zugewandt waren. Einige Pilger traf ich wieder, aber die Masse und Abfolge von den organisierten Reisegruppen vertrieben mich schon recht bald. Ich fühlte mich dort nicht mehr wohl. Ich ging in mein Restaurant von gestern, aß ein Pilgermenü, sah durch die großen Fenster nach draußen auf die Strasse, las die Zeitung, beobachtete die Gäste und schrieb weiter in mein Tagebuch. Ich war immer noch nicht wirklich angekommen, sah nur staunend zu, alles schien so wenig mit mir zu tun zu haben. Obwohl es dort sehr angenehm war, zu anderen Zeiten hätte ich es wohl richtig genießen können, jetzt war es eher so, dass ich diese Situation am liebsten gegen eine Zeit auf dem Camino getauscht hätte. Es war mein letzter Tag hier, aber innerlich hatte ich wohl bereits Abschied genommen, das „normale" Leben erwartete mich, aber zugleich war es noch so weit weg. Obwohl ich viel gereist bin, auch viel erlebt habe, gehört das Erlebnis, den Jakobsweg zu gehen, zu den schönsten und nachhaltigsten Erinnerungen. Mir war klar, dass ich mir den Camino noch mal „gönnen" würde. Ich machte mich daran, das für mich Wesentliche des Camino und auch die Erlebnisse zusammenzufassen und zu komprimieren. Ich harrte noch bis Abends hier aus, aß noch etwas und ging um 20.30 Uhr zurück, um noch für die Nacht den Platz zu zahlen. Es war ein eher sentimentaler Rückweg, ich sah mir alles noch mal genau an, morgen wollte ich nicht mehr nach Santiago. Ich blieb noch länger auf, um die Nachbetrachtung noch fertig zu stellen, aber konnte dann ruhig schlafen. Am letzten Tag bin ich bereits am Vormittag losgegangen, oben im Lebensmittelladen noch ein Bocadillo für den Weg. Ich wollte den Weg zum Flughafen gehen, mich erinnern, wie mühsam dieser letzte Teil gewesen war, bevor wir Monte Gozo erreichten. Es war gut so, dass ich den Bus nicht genommen hatte, ich holte mir einen Teil der Stimmung des Camino wieder. Der Rest der Heimkehr war Routine, es brauchte aber einige Zeit, bis ich den Alltag wieder annehmen konnte, zwar verändert, aber eben doch wieder Alltag.

Nachbetrachtungen:
Der Camino, wo stehst Du, wo willst Du hin?

Der Camino ist kein Wanderweg, wandern kannst Du überall. Es ist ein Weg zu Dir, schmerzhaft, schön, außergewöhnlich reich an Erlebnissen und Situationen – mit Dir und mit Anderen, die Dir ein Spiegel sind. Wenn man ihn mit dem Herzen geht, nicht Kilometer abläuft und zählt, sondern dem Außergewöhnlichem folgt und die Situationen lebt. Jeder will etwas auf dem Weg oder von dem Weg, reich an Geschichte, Legenden, Kultur, Natur. Jeder betritt ihn anders, will etwas anderes, und bekommt das, was er am wenigsten erwartet. Der spirituelle Weg hat eigene Gesetze, die Herausforderungen sind anderer Natur als das Aneinanderreihen von Kilometern. Klar, der Camino hat auch seine körperliche Seite, aber die Herausforderung besteht wohl eher in Kopf und Herz. Der Kopf als Instrument des Negierens der Schmerzen, der Krämpfe, Anstrengung und Blasen, das Herz als Instrument, sich frei zu machen von der Welt, die man verlassen hat und sich auf das einzulassen, was einen auf dem Weg erwartet. Die Lehre der Gegenwart, wenn erst der Alltag und die Vergangenheit nach ein paar Tagen zurückgelassen sind. Die Erfahrung und Zuversicht in den Körper und seine Möglichkeiten so gewachsen sind, dass sie keiner Aufmerksamkeit mehr bedürfen bis der Kopf den Halt, das Ausruhen oder Ruhe anordnet. Es hat den Anschein, als ob es Müdigkeit für Muskeln und Gelenke nicht gibt, die Müdigkeit existiert nur im Kopf. Der Blick frei für die Umgebung, das Schöne und Unerwartete des Weges, das jeder erlebt, das nicht planbare, das alles über den Haufen wirft und Neues schafft. Türen in Räume aufstößt, die man weder gekannt, noch erwartet hat, das Neue bricht sich Bahn, zögerlich, aber immer wieder aufs neue bestätigt. So man sich eingelassen hat, ein one way ticket, Weiter geht's dann nur noch in eine Richtung, zurück geht nicht mehr... Follow your heart – follow your line....
Und immer wieder auf dem Weg die Bestätigung, dass da noch mehr ist, als das, was man zu kennen glaubte. Und sichtlich mehr

Vertrauen in Herz und Gefühl - die Intuition – wird wiederentdeckt und raubt Verstand als auch dem Kontrollbedürfnis die Macht und Vorherrschaft. Und es geht. Sogar besser, wie sich immer mehr bestätigte. Weniger ist vielleicht manchmal nicht nur anders, sondern auch mehr. Kann ich denn der Intuition trauen? Ja, mit jedem Kilometer und jedem Tag mehr. Eine verlorengeglaubte Erfahrung erobert sich den Platz zurück. Es gibt auch keine einfachen Etappen auf dem Camino, nur unterschiedliche Formen der Herausforderung oder der Beanspruchung, mal 11 von 11,5 Stunden Regen, mal Sonne und Eintönigkeit der Strecke mit kilometerweise Sicht auf das Gleiche, steile Auf- und Abstiege, Städte mit Lärm und Abgasen, Natur mit einer wohltuenden Ruhe, wo man nicht mehr als die nächsten 100 Meter sieht. Und immer ist es nur eine Frage des Geistes, nie eine Frage der körperlichen Verfassung. Geist dominiert Körper... Und wer nicht lernt, die Körperlichkeit auszublenden, scheitert an sich. Entweder Du schaffst den Camino oder er schafft Dich. Hilfreich für mich waren Mantras und Singen, das fast wie von selbst kommt, dann, wenn der Punkt erreicht ist, wo Aufgeben das Naheliegendste ist. Und es geht dann doch, wenn der Geist beschäftigt, abgelenkt oder konzentriert auf etwas Anderes ist. Der Körper geht da noch weiter, wo der Kopf schon Halt machen will, aber dann entscheidet sich auch, ob der Geist der Herausforderung gewachsen ist. Der Geist ermöglicht das Wunder des Körpers, diese Erfahrung weist die Richtung für den Rest, Erfahrungen, die möglich werden oder aber eben nicht. Und sobald der Kopf wieder ins Spiel kommt, wiederholt sich die Erfahrung, immer und immer wieder. Solange, bis man gelernt hat, ohne Ziele auszukommen, zu gehen, solange es geht und gegen Abend zu sehen, wann man Rast machen möchte, wenn es denn dann auch geht.... Ansonsten dann weiter.... Der Camino offenbart sich meiner Erfahrung nach nur dann und auch am besten, wenn man ihn ganz geht oder aber für die Zeitdauer eines Monates. Part Time Pilger oder Leute, die nur die Compostela wollen, und von Sarria oder ein Stück davor starten, erhalten zwar eine Urkunde in Santiago, aber sind zugleich um alles betrogen, was den Camino ausmacht. Der Camino fordert als Eintrittskarte eines der wichtigsten Dinge: Zeit! Zeit ist das, was man gibt, der Preis, den man zahlt, persönliche Bereicherung, Selbsterkenntnis und die eigene Weiterentwicklung das mögliche Ergebnis. Wer den Preis verweigert, erhält nicht das Ergebnis, der Camino wird zum Wanderweg degradiert. Schade, und auch ein fauler Kompromiss, der zu nichts taugt. Am Ende kann man nicht stolz auf das Geleistete sein und verbietet sich Erfahrungen. Der Camino selbst ist vielleicht nur das symbolische Medium von Erfahrungen die man machen, so man sie zulassen kann. Mal mehr Schüler, dann mal wieder mehr Lehrer und Du triffst auf Alles, wie ein kurzes Leben komprimiert auf ein paar hundert Kilometer. Hast Deja vu`s, erkennst Dich in anderen wieder, entdeckst Dich und Teile Deines Lebens in Anderen. So viele Motive, Geschichten und Biografien aus aller Welt. Und jeder hat seine Geschichte zu erzählen und eine Vergangenheit und den Anlass, den Camino gerade jetzt zu gehen. Und immer auch gibt es das merkwürdige Phänomen, dass Du genau die Leute triffst, oder Dich genau von den Leuten angezogen fühlst, die was mit Dir in Deiner jetzigen Situation zu tun haben. Personen, die bei Dir Türen aufstoßen und auch Personen, denen Du Dich verbunden fühlst, weil Du Sie da abholst, wo Sie gerade stehen, in einer Situation, die Du schon hinter Dir gelassen hast und für die Du Türen aufstößt. Geben und Nehmen in einer unverfälschten, ehrlichen und direkten Art. Und dann spürst Du, dass die Welt so reich ist und manchmal auch so arm für die, die in Kilometern rechnen und das Planen nicht aufgeben können, die dem Ziel verschrieben sind und nicht dem Weg. Und Du kannst Sie nicht erreichen, weil Sie nur mit dem Kopf unterwegs sind. Davon gibt's zu viele, schade... Sprache spielt keine Rolle auf dem Camino, die universelle Sprache des Herzens ist hier die Sprache, die gesprochen wird und die die Brücken selbst zu Leuten schlägt, von denen Du nicht mal annähernd auch nur ein Wort verstehst, aber Du entwickelst ein Gespür für das, was Sie sagen wollen, Ihre Botschaft. Und das zählt, wie auch das, was Du sagst, nicht gehört, aber verstanden wird. Die Höhepunkte des Camino sind die vielen persönlichen Momente mit Mitpilgern, aber auch die Orte, die man für sich entdeckt hat, die vielen kleinen schönen Momente, die man teilen konnte. Der Camino hat seine eigenen Gesetze, deshalb kehren viele wieder, holen das oder was anderes nach, was auf dem ersten Camino noch nicht erfahrbar war, weil noch was gefehlt hat, der Camino für Sie noch nicht all seine Geheimnisse preisgegeben hat, nicht in Kilometern, sondern in Einsichten, Ereignissen, Erfahrungen. Oder lassen sich entlang des Jakobsweges nieder, verlegen ihre Heimat an den Camino oder werden Hospitalero oder Hospitalera für einige Zeit, geben zurück, was der Weg ihnen gegeben hat.

Dann in Santiago, wenn Du dann angekommen bist: Hier bricht jedes Gefüge auseinander, all das, was auf dem Weg galt, ist hier außer Kraft gesetzt. Hier triffst Du die Leute Deines Weges wieder, alle am Ziel/Ende des Weges, Tränen Freude, Glück, aber all das, was vorher einen Teil des Weges ausgemacht hat, der Zuspruch, die Aufmunterung, die Grüße : „bon Camino", „Auppa", „I Ultreia" wurde hier gegenstandslos. Egal wie, humpelnd, verletzt, mit oder ohne Schmerzen, erledigt, jeder hatte es auf seine Art und für sich geschafft. Und bei aller Freude und auch Tränen des Glücks, macht sich über kurz oder lang so etwas wie Befremden oder Leere breit, ja schön, jetzt bin ich hier, und nun? Eingeholt von Irgendwas, Ziel erreicht, Erinnerungen, die nachwirken, aber Leere im Kopf und wieder ist alles anders als erwartet. Du streifst durch Santiago, triffst Weggenossen, vereint in Freud und Leid, und Vielen geht es auch so, laufen rum, wie im falschen Film. Auf dem Weg war das Ziel die Fata Morgana, angekommen im Ziel, war der Weg die Realität nicht das Ziel, sondern der Weg, das Ziel das, was bedeutungslos blieb. Und Du vermisst den Rucksack in Santiago, irgendwas Vertrautes fehlt. Und guckst automatisch nach gelben Pfeilen und ertappst Dich dabei, nach einer Möglichkeit zu suchen, Deine Vorräte an Trinkwasser aufzufüllen. Form ohne Inhalt…

Nicht ganz so ausgeprägt war es übrigens auch bei meinem zweiten Camino, mal sehen, wie es beim nächsten Mal sein wird.

Meine Packliste

Da ich den Weg im März gehen wollte, eher zu einer ungewohnten Jahreszeit, musste ich Vieles verändern, waren Angaben zur Ausrüstung etc. nur bedingt zu nutzen.
Bei der Ausrüstung verließ ich mich neben eigenen Recherchen bei der Zusammenstellung, der Auswahl, dem Abwägen der Alternativen auf die Erfahrung und den Angeboten auf Globetrotter (www.globetrotter.de), in der Filiale in Berlin.

Rucksack: Berghaus freeflow light
Schlafsack + 10 bis − 9 Grad mit separatem Fleece Inlet
Bekleidung:
Funktionsunterwäsche lange Hose, Langarmhemd, kurzärmliges Merinounterhemd, 2 kurze Unterhosen, 1 paar Wandersocken (X-trem) und 1 paar wärmere Überziehsocken, 2 langärmlige Hemden, eine Fleece Jacke winddicht, 1 etwas wärmere als Ersatz, lange Ersatztreckinghose winddicht, 1 Mütze mit Ohrenschützern, 1 wärmendes Stirn-/Ohrband, warme Iso-Handschuhe, 1 Stirnlampe, 1 warmer Schal
Sonstiges:
Schweizer Messer, Ersatzakkus, Stirnlampe, 1 kleines und 1 großes Spezialhandtuch schnelltrocknend und mit großer Feuchtigkeitsaufnahme, Zahnbürste, Ajona Zahncreme, Showergel, Bodylotion, Manikürset, Feuchttücher, Wäscheleine und 8 Klammern, Sonnenschutz, Jakobsmuschel, Flip-Flops, erste Hilfe Set, erweitert um Muskelcreme und −öl, Mobilat, Tigersalbe, Schuhpflege, kleiner Schreibblock, 1 Schild zum Trampen von Biarritz nach St. Jean Pied de Port

Gewicht inklusive 2 mit 1L Wasser gefüllter 1,5 L Plastikflaschen auf dem Weg: ca. 10 - 11KG

Meine Reisebekleidung bestand aus den Wanderschuhen, langer Unterwäsche, Hemd, einer wärmeren, winddichten Jacke, einer

Regenjacke, einer wind- und wasserdichten Überhose, den Unterlagen (Tickets, Ausweise, Kuli, dem obigen Buch, einigen Kopien, dem Pilgerpass), Sonnenbrille, Digitalkamera.

Hilfreiche Tipps für den eigenen Weg

Viele Informationen fand ich im Netz, als hilfreich habe ich die Informationen des Freundeskreis der Jakobspilger Hermandad Santiago e.V. (www.jakobusfreunde-paderborn.eu) empfunden, hier gab es nicht nur den Pilgerpass, ein aktuelles Unterkunftsverzeichnis, sondern auch noch viele gute, aktuelle Informationen. Der Freundeskreis betreibt auch eine Pilgerherberge in Pamplona.

Als Buch hat mich Wandern auf dem spanischen Jakobsweg von Dietrich Höllhuber (DUMONT aktiv) angesprochen, es enthält neben Tipps genaue Wegbeschreibungen der Etappen(die sich aber laufend ändern) mit Sehenswürdigkeiten und informiert gut über kulturhistorische und geschichtliche Zusammenhänge.
Wem dies nicht reicht, wer Zeit und Muße hat, sollte noch googeln, um all das herauszufinden, was er noch vermisst.

Impressionen vom Jakobsweg in Form von Fotos des Autors finden Sie auch unter: **www.paulbschmitter.de**